Kohlhammer

Inhaltsverzeichnis

Vorwort

Christsein ist schwer geworden, heißt es immer öfter. Gott verdunste aus dem Bewußtsein der Menschen von heute, in der Gesellschaft spiele der Gottesgedanke kaum eine Rolle mehr, immer weniger Menschen fragten nach Gott. Aus dem allmächtigen Gott, so heißt es, sei ein verlorener Gott geworden. Nicht nur Menschen aber, die sich als unreligiös oder kirchenfern bezeichnen, sei Gott in schier unerreichbare Ferne gerückt. Auch religiösen Menschen und Gläubigen, die am Leben der Kirchen teilnehmen, falle der Glaube an Gott oft schwer.

Gott scheint weit weg zu sein, nicht zu antworten, sich zu verhüllen. Viele Menschen leiden unter dieser scheinbaren Kontakt- und Fühllosigkeit Gottes und können nicht verstehen, warum er trotz aller inneren Bemühungen sich ihnen nicht zeigt, ihnen nicht nahekommt. – Gott scheint ferner als man glaubt.

Ist dies nun das Schicksal des Menschen in der heutigen Gesellschaft? Ist es wirklich das Stigma und die Realität der neuen Postmoderne, daß sie ohne Gott auskommen muß, Gott nur noch als blasse Chiffre vergangener Zeiten zitiert? Oder gehört es vielmehr zum christlichen Gottesbild wesentlich hinzu, daß Gott dem Menschen auch fern ist und verborgen?

Rückte dieses verborgene Antlitz Gottes wieder ins Licht, könnte Glaube leichter und unbekümmerter sein. Es ließe sich leben mit einem „fernen Gott“: in anerkannter Distanz zum göttlichen Geheimnis, im Verhältnis des Grußes, im Modus des Fragens und der Sehnsucht. Ein solches christliches Leben könnte stark sein. Es müßte sich nicht in der besitzenden Erfahrung Gottes beweisen, sondern könnte sich gelassen der Frage nach Gott verdanken. Eine solche christliche Existenz könnte frei sein und leicht, gerade darin aber auch erfahren und ernst.

Die Beiträge dieses Bandes, die im Frühjahr 1998 im Hörfunkprogramm des Bayerischen Rundfunks ausgestrahlt wurden, versuchen, dem Phänomen des fernen Gottes auf den Grund zu gehen, menschliche Erfahrungen zur Sprache zu bringen, die Gott als fern erleben und diese theologisch und gläubig, zuweilen aber auch – wie im übertrieben scharfen Gegenblick – kühn und überspitzt zu deuten. Blicke in die christliche Geistes-, Theologie-, Literatur- und Frömmigkeitsgeschichte und -gegenwart sollen helfen, erste Schritte zu tun „in die dunklen Abgründe der Wüste dessen hinein, den man Gott nennt“ (Karl Rahner, Grundkurs des Glaubens, Freiburg ³1984, 14) und Gott als den „fernen Gott“ neu ans Licht zu holen.

Was wäre das Ziel? Zu erleichtern, vornehmlich; die als fremd und unnahbar erlebte Seite des christlichen Glaubens ins gute Gewissen zu rufen. Vielleicht könnte so auch die neue Postmoderne in unvermuteter Weise wieder als *kairos*, als Zeit der Offenbarung Gottes, neu verstanden und viel falsches Leiden an der Ferne Gottes geleichtert werden.

München, im Frühjahr 1998 Stephan Pauly

Gottesschwund

Über die Frage nach Gott im ausgehenden 20. Jahrhundert

von Franz Kardinal König

Schlägt man das Buch der Geschichte auf, kann man feststellen, daß sich Menschen in der Vergangenheit, überall und zu allen Zeiten – Naturvölker, Hochreligionen verschiedener Kulturen – bittend und suchend an ihren Gott oder ihre Götter gewandt haben. Überall, wo Menschen Zeichen und Denkmäler ihres Lebens hinterlassen haben, sehen wir Beweise dafür, daß sie ihrem Gott geopfert und ihn um Hilfe angefleht haben. In allen Kontinenten und Zeiten haben Menschen bittend und lobend, dankend und sühnend vor der Gottheit oder den Göttern das Knie gebeugt, haben Formeln von Anrufungen und Gebeten hinterlassen, durch die wir heute noch einen Blick in das Innerste der Menschen längst vergangener Zeiten tun können.

Solche Zeichen und Stimmen sind ein ergreifendes *Miserere* und *De profundis* einer um Erlösung zu den Superi rufenden, um Hilfe von oben flehenden Menschheit vergangener Jahrtausende. So wie wir imstande sind, den Weg menschlicher Lebensäußerung und Kultur durch die menschliche Geschichte zu verfolgen, so weit begleiten uns die Zeichen und Stimmen suchender und betender Menschen.

So lehrt uns ein Blick in das Buch der Geschichte, so berichten uns die großen Werke der Religionsgeschichte. Sowohl der Einzelne wie der im gesellschaftlichen Gefüge lebende Mensch hatte immer Respekt vor einer unsichtbaren, jenseitigen Welt. Das heißt mit anderen Worten: Der Mensch hat Religion nicht erfunden, sondern sie gehört zu seinem Leben, zu seinem Wesen in allen möglichen Formen, in allen Weisen seines Daseins.

Damit lege ich aber das Buch der Geschichte zur Seite und frage bekannte Vertreter der Wissenschaft und Forschung in unseren Tagen um ihre Meinung. Ich wähle einen bekannten Biologen aus Frankreich und einen bekannten Atomphysiker aus Amerika. Der eine ist enttäuscht von der modernen Wissenschaft, weil sie ihm weder Weg noch Ziel zeigt, weil sie vielmehr ihre zerstörenden Kräfte dem Menschen in die Hand gibt;

der andere ahnt durch die Größe und Schönheit des Universums den unsichtbaren Gott und Schöpfer.
Der französische Molekularbiologe und Nobelpreisträger J. Monod – sein Buch ist vor einigen Jahren auch in deutscher Sprache in der siebten Auflage erschienen – stellt fest, der Mensch von heute sei in der Gesamtschau der Evolution ein Zufallsprodukt. Der Mensch müsse endlich aus seinem tausendjährigen Traum erwachen, um „seine totale Verlassenheit, seine totale Fremdheit zu erkennen ... Darum wendet der moderne Mensch sich von der Wissenschaft ab oder vielmehr gegen sie. Er kann jetzt ihre schreckliche Zerstörungskraft ermessen, die sich nicht nur gegen den Leib, sondern gerade auch gegen den Geist richtet" (Zufall und Notwendigkeit, 1987, 151). Dies ist das Bild eines einsamen Menschen, der weder Weg noch Ziel des Lebens kennt.
Anders der Nobelpreisträger für Physik und Generaldirektor des Europäischen Forschungszentrums für Atomwissenschaft (CERN) Charles Rubia. Er stellt fest: „Wenn wir die Galaxien der Sternenwelt zählen oder die Existenz von Elementarteilchen beweisen, so sind das wahrscheinlich keine Gottesbeweise. Aber als Forscher bin ich tief beeindruckt durch die Ordnung und die Schönheit, die ich im Kosmos finde, sowie im Inneren der materiellen Dinge. Und als Beobachter der Natur kann ich den Gedanken nicht zurückweisen, daß hier eine höhere Ordnung der Dinge im voraus existiert. Die Vorstellung, daß dies alles das Ergebnis eines Zufalls oder bloß statistischer Vielfalt sei, ist für mich vollkommen unannehmbar. Es ist hier eine Intelligenz auf einer höheren Ebene vorgegeben, jenseits der Existenz des Universums selbst" – so der Atomphysiker in der Züricher Zeitung im März 1992.
Zu einem ähnlichen Schluß kommt der größte Physiker des 20. Jahrhunderts, Albert Einstein. Er gehörte selber keiner kirchlichen Gemeinschaft an. In seinem letzten Aufsatz „Science and Religion" stellt er fest: „Meine Religion besteht in meiner demütigen Bewunderung einer unbegrenzten geistigen Macht, die sich selbst in den kleinsten Dingen zeigt, die wir mit unserem gebrechlichen und schwachen Verstand erfassen können. Diese tiefe, emotionelle Überzeugung von der Anwesenheit einer geistigen Intelligenz, sie sich im unbegreiflichen Universum eröffnet, bildet meine Vorstellung von Gott.
Und dazu will ich noch einen Menschen befragen, der es aufgegeben hat, Gott zu suchen, der seine Hände beschwörend im Aufruhr gegen Gott erhoben hat. Es ist Friedrich Nietzsche, der Kämpfer gegen Religion und

Augustinus

„Mein Herz sprach immer bereits mit dir, ... denn auf dich hin hast du uns geschaffen, und unruhig ist unser Herz, bis es Ruhe findet in dir.“ (aus: *Bekenntnisse*)

Glaube, der als Verfasser des „Antichrist“ auf einer Suche war, jenseits von Gut und Böse den „Übermenschen“ zu verkünden. Der Aphorismus 285 aus der „Fröhlichen Wissenschaft“ läßt uns einen Blick tun in das Innere eines Menschen, der keinen Sinn mehr darin sieht, Gott oder ein höchstes Wesen anzuerkennen:

„Du wirst niemals mehr beten, niemals mehr anbeten,
niemals mehr im endlosen Vertrauen ausruhen.
Du versagst es dir, vor einer letzten Weisheit,
letzten Güte, letzten Macht stehen zu bleiben
und deine Gedanken abzuschirren.
Du hast keinen fortwährenden Wächter und Freund
für deine sieben Einsamkeiten.
Du lebst ohne den Ausblick auf ein Gebirge,
das Schnee auf dem Haupte und Gluten in seinem Herzen trägt.
Es gibt für dich keinen Vergelter,
keinen Verbesserer letzter Hand mehr. –
Es gibt keine Vernunft in dem mehr, was geschieht,
keine Liebe in dem, was dir geschehen wird.
Deinem Herzen steht keine Ruhestatt mehr offen,
wo es nur zu finden und nicht mehr zu suchen hat.
Du wehrst dich gegen irgendeinen letzten Frieden ...
Mensch der Entsagung, in alledem willst du entsagen?
Wer wird dir die Kraft dazu geben?
Noch hatte niemand diese Kraft.“

Ein solches Bekenntnis sagt uns, daß jeder Mensch – und so auch der Mensch von heute – Sehnsucht hat nach etwas, das noch kommen muß, worauf er wartet, worauf er ungeduldig wartet. Man sollte meinen, daß ein reiches Europa diese Sehnsucht gar nicht mehr nötig hat. Es scheint, daß wir schon alles haben – und doch ist gerade der Mensch unserer Breiten und unserer Zeit voll Unruhe und rastlos. Er sucht hektisch das Glück und ist voller Sehnsucht. Die einen suchen Hilfe beim Arzt, die anderen greifen zu Drogen oder zum Alkohol. Was sucht der Mensch, was fehlt ihm? Was kränkt ihn so sehr, daß er sogar körperlich daran krank wird? Es ist immer wieder die Frage, die wiederkehrt: Welchen Sinn hat im Grunde mein Leben? Wer gibt mir Antwort auf letzte Fragen?

Es gibt im Leben jedes Menschen lange Zeiten, da lebt er einfach dahin und stellt diese Fragen überhaupt nicht. Aber dann taucht plötztlich wieder diese Frage auf: Ist das wirklich alles? Diese Frage verschärft sich, wenn einer gerade das verliert, wofür er im Grunde gelebt hat, wenn ein geliebter Mensch stirbt oder unheilbar erkrankt: das eigene Kind, der Partner, die Eltern; oder wenn man selbst die Hand des Todes spürt.

Aber dann tauchen auch andere Erlebnisse auf: Es kommt der Tag, an dem der Mensch in seinem Leben Sinn erfährt. Vielleicht war es damals, als er zum ersten Mal erlebte, daß er gebraucht wird, daß er einmal wirklich helfen konnte. In solchen Augenblicken erfährt er, daß sein Leben sinnvoll ist, einen Sinn haben kann, einen Sinn, der über den Alltag seiner Existenz hinausweist.

In solchen Augenblicken erlebt der Mensch etwas Absolutes. Er kann nicht genau sagen, was es ist; er kann solche Erlebnisse nur beschreiben. Auch dies ist ein Hinweis darauf, daß die geheime Sehnsucht nach Gott in sehr vielen Menschen lebendig ist. Sie ist oft verschüttet durch die Unrast, durch die Hetze und wilde Jagd des Alltages. Aber immer gibt es Augenblicke und Erfahrungen, in denen das Irdische transparent wird und etwas Unvergängliches und Bleibendes erahnt wird.

Dazu zeigt uns ja die Religionsgeschichte mit aller Deutlichkeit, daß, soweit unsere Kenntnis reicht, es niemals ein religionsloses Volk gegeben hat. Diese Tatsache wäre allein schon geeignet, um hinreichend zu bezeugen, daß Religion mit dem Menschen wesentlich verbunden ist und nicht nur als bloß zufällige, besondere Veranlagung zu bezeichnen ist.

In einem solchen Zusammenhang erklärt sich das eigenartige Phänomen des Religionsersatzes, das beim Menschen immer dann auftritt, wenn er echte Religion verloren hat oder wenn ihm Gott als Gegenstand seiner letzten Bindung verloren gegangen ist. Wenn jenseitige Bindungen an einen Gott gefallen sind und das Wesen der Religion mißverstanden wird, kommt es zu Ersatzbildungen, wie etwa im Irrationalismus. Es sind Stimmungen und Gefühle als eine Art Übergangsform. Alles kann der Mensch mit dem Glanze des Göttlichen umgeben, um es dann als seinen Gott anzubeten. Daher werden sich auch die Formen des Religionsersatzes ändern, so wie die Mode, die zeitliche Stimmung und das unbefriedigte, immer weiter suchende Herz. Aber die Enttäuschung über den eigenen Götzen kann den Suchenden und Fragenden schließlich zur Wirklichkeit Gottes führen.

Der Russe Dostojewski, der aus eigener Leiderfahrung einen Blick in die Abgründe des Menschen getan hat, meinte: „Was soll man denn viele Worte machen? Man kann ja gar nicht Mensch sein, ohne sich vor irgend etwas beugen zu müssen. Ein solcher Mensch, der sich nicht selbst beugen kann, kann sich selber auch gar nicht ertragen ... Wer also Gott leugnet, der schnitzt sich sein Gottesbild. Wer sich nicht vor Gott beugt, tut es vor einem der vielen Götzen, die das entchristlichte Abendland als Gottesersatz sich geschaffen hat: Er beugt sich vor der Macht, vor der Rasse, vor dem Geld."
Heute gehört die Sinnfage zu den häufigen Themen der Philosophie und der modernen Psychotherapie. Hier hat der Wiener Psychotherapeut Viktor Frankl mit seiner Logotherapie eine neue Richtung begründet. Die Frage nach dem Sinn des Daseins ist nicht identisch mit der Frage nach Gott, wohl aber führt sie in deren Nähe. Der Fragende kann sich nicht aufmachen, um irgendeinen Sinn zu finden, sondern er muß in der Lage sein, den Sinn für sich selber zu finden. Denn der Mensch wird nicht nur durch den Trieb des „Müssens", auch nicht durch die Macht des „Wollens", sondern durch Sinnfindung und Sinngebung, also durch die Kraft des „Sollens" charakterisiert. In seinem Buch „Der unbewußte Gott" zeigt Frankl, wie heute die Sinnfrage zur religiösen Frage geworden ist. Gerade die Existenzanalyse des Menschen lasse innerhalb der „unbewußten Geistigkeit des Menschen" auch eine „unbewußte Religiosität" im Menschen erkennen. Und wenn Augustinus in seinen Bekenntnissen – einem Werk der Weltliteratur – bei seinem Gottsuchen bekennt: „Mein Herz sprach immer bereits mit dir", so kann man das aus heutiger Sicht als die unbewußte Gottverbundenheit des Menschen verstehen. – Mit einem solchen Hinweis auf Frankl und auf Augustinus steht die Gottesfrage als Schicksalsfrage des Menschen wieder vor uns. Darauf können sich mit Recht jene berufen, die von einer „Renaissance der Religion in unserer Zeit" sprechen.
Religion ist aber nicht nur mit dem Einzelnen, sondern ebenso mit der Gesellschaft verbunden. Die Kulturen etwa von Babylon, Griechenland oder Rom zum Beispiel zeigen, wie sehr Religion und Glaube das öffentliche, gesellschaftliche und staatliche Leben prägen können. Besonders deutlich zeigt uns dies der Islam, der, aus einer kleinen Bewegung hervorgehend, in wenigen Jahren über Kontinente fegt, Reiche zerstört, eine neue Denkweise und Kultur für Millionen von Menschen schafft.

Mit anderen Worten: Religion und Gesellschaft, Kultur und Kunst sind nicht nur aufeinander bezogen, sondern durchdringen sich gegenseitig. Damit will uns die Geschichte sagen: Die Gottesfrage ist eine Schicksalsfrage – nicht nur für den Einzelnen, sondern auch für die Gemeinschaft.

Überall, so zeigt uns die Geschichte der Religionen der Menschen, erwarten die Menschen von ihrer Religion eine Antwort auf die ungelösten Rätsel des menschlichen und des gesellschaftlichen Daseins, die heute, wie eh und je, die Herzen der Menschen tief bewegen: Was ist der Mensch? Was ist Sinn und Ziel unseres Lebens? Woher kommt das Leid und welchen Sinn hat es? Was ist der Tod und was bedeutet die Verantwortung für unser Leben? Was ist jenes letzte und unsagbare Geheimnis unserer Existenz, aus dem wir kommen und wohin wir gehen?

Und doch ist in unserer modernen, pluralistischen Gesellschaft Religion und christlicher Glaube im Schwinden, rückt an den Rand von Gesellschaft, Politik und Wirtschaft. Seit dem 19. und 20. Jahrhundert ist in unseren Ländern durch den Einfluß der Aufklärung ein Prozeß der Entfremdung zwischen Kirche und Staat, zwischen Kirche und gesellschaftlicher Wirklichkeit, zwischen Kirche und öffentlicher Meinung im Gange. Eine Wohlstandsgesellschaft in unserer westlichen Welt – anders als in anderen Kontinenten – drängt Religion, religiöses Glauben und Leben an den Rand des Geschehens. Sowohl Einzelne wie die Gesellschaft mit ihrer öffentlichen Meinung der Medien drängen den Einfluß der Religion, des christlichen Glaubens zurück, denn: Religion ist Privatsache, darüber spricht man nicht. Durch Unwissenheit und Mißdeutung geschützt, wehrt man sich gegen eine persönliche Herausforderung und persönliche Entscheidung, wie es ein christlicher Glaube verlangt. Seit dem Zweiten Weltkrieg, seit den sechziger Jahren spricht man von einer rasch wachsenden Säkularisierung. Die Zahl der Kirchenaustritte, die Zahl der Ungetauften steigt an, Ehe und Familie verlieren an Stabilität.

Oder, wie es der amerikanische Historiker Huntington in seinem bekannten Buch „Kampf der Kulturen“ für die westliche Welt schildert: „Immer weniger Menschen bekennen sich zu einer religiösen Überzeugung, beachten religiöse Gebote und beteiligen sich an religiösen Aktivitäten. Diese Tendenz spiegelt immer weniger eine Feindschaft gegen die Religion wieder als die vollkommene Gleichgültigkeit gegen sie. Und trotzdem ist die europäische Kultur durchdrungen von christlichen Begriffen, Werten und Praktiken.“ – Und dies bedeutet nach Huntington, daß Europa durch die „Schwächung seines zentralen Elementes, des Christentums“ in schwere Krisen geraten könne oder unterminiert werde.

Im Grunde gibt es in unserer westlichen Welt heute zwei entgegengesetzte Meinungen in bezug auf Religion und Gesellschaft. Der Londoner Religionssoziologe und ehemalige Vorsitzende der „Internationalen Gesellschaft für Religionssoziologie“ David Martin ist der Meinung, daß in Europa der Prozeß der Säkularisierung, der Befreiung von jeder Religion, insbesondere des Christentums, ein Ausmaß erreicht, das in der modernen Welt einmalig ist. Es handele sich, so der Religionssoziologe, heute nicht um einen Kampf des Atheismus gegen Religion und Christentum, wie es im kommunistischen Einflußbereich etwa der Fall war. Vielmehr handele es sich um eine Emanzipation aller weltlichen Bereiche vom Einfluß der Religion. Damit sei aber auch ein „Niedergang der religiösen Überzeugungen und Verhaltensweisen“ gemeint. Und emotionslos faßt David Martin die heutige Situation zusammen: „Europa ist der einzige wirklich säkulare Kontinent der Erde geworden“. Das bedeutet wohl, so füge ich hinzu: In der öffentlichen Meinung unserer Zeit ist Religion, das heißt vor allem das Christentum, in die Bedeutungslosigkeit hinabgesunken. Die Gottesfrage der Christen, so heißt es, sei heute keine Schicksalsfrage mehr.

Dieser These der Religionssoziologen steht allerdings eine andere Auffassung gegenüber: daß nämlich heute weltweit eine religiöse Erneuerung, eine religiöse Renaissance im Gange sei. Eine solche Auffassung vertritt zum Beispiel der Franzose Gilles Kepel in seinem Buch „Die Rache Gottes“. Einer solchen Meinung schließen sich Historiker aus Amerika an, unter anderem George Weigel und Samuel P. Huntington (Der Kampf der Kulturen, 153 ff.). Denn nur Religion, so heißt es, biete auf die Frage nach dem Sinn des Lebens überzeugende Antworten. „In einem umfassenderen Sinn ist das Wiederaufblühen der Religion weltweit eine Reaktion auf Säkularismus, moralischen Relativismus und Hemmungslosigkeit; ist eine Bekräftigung mit Werten wie Ordnung, Disziplin, Arbeit, Hilfsbereitschaft und Solidarität“ (Samuel P. Huntington, Der Kampf der Kulturen, 147).

Und was folgt aus diesen beiden sich widersprechenden Thesen? Wohl dies: In der westlichen Welt von heute – ganz im Gegensatz zu anderen Kontinenten, wie Asien mit dem Subkontinent Indien und Afrika – gibt es beides; nämlich eine weltweit verbreitete religiöse Gleichgültigkeit im Spiegel der öffentlichen Meinung einerseits; andererseits, unabhängig davon, auch entgegengesetzte Zeichen einer religiösen Erneuerung, auf die man heute wohl hinweisen kann.

Ich nenne etwa eine ökumenische Bewegung der jungen Generation von heute, die ihr Zentrum in Taizé in Frankreich hat. Das Treffen Ende 1997 in Wien brachte an die 80000 junger Menschen aus dem westlichen und dem östlichen Europa zu einer Begegnung mit allen Zeichen einer religiösen Erneuerung unter dem Stichwort „Versöhnung" zusammen. Und eine solche Versöhnung deutet nicht nur auf die getrennten Christen hin, sondern auch auf die Spannungen, die heute zwischen einem westlichen und einem östlichen Europa bestehen.

Auch das Weltjugendtreffen im Sommer des Jahres 1997 in Paris mit dem Papst wurde – trotz aller Komplexität der Motive – zu einem Weltereignis. Die zahlreichen Kommentare, die sich in jenen Tagen in der Weltpresse fanden, mußten feststellen, daß sich solches mit den Ereignissen der 60er Jahre oder mit dem französischen Laizismus nicht verbinden lasse. Dies, so hieß es, deute in die Richtung eines sonst schwer erklärlichen religiösen Aufbruches.

Denn in unserer säkularisierten Welt und Zeit tritt bereits allenthalben die Angst in Erscheinung, daß – vor allem in der Anonymität der Großstadt – sich jener entwurzelte Typus ausbreitet, dem wir heute bereits immer wieder begegnen: Der sinnlose Mensch, der in seinem Leben kaum noch Sinn sieht; der gewissenlose Mensch, der keine innere Verpflichtung mehr spürt; der wertfeindliche Mensch, der über Werte und Ideale nur mehr müde lächelt; der besinnungslose Mensch, der um Stille und Besinnung nicht mehr weiß; der apathische Mensch, dem das geistige Rückgrat gebrochen wurde; der aggressive Mensch, der seine innere Spannung und geistige Not an anderen abreagiert; der wahrheitsunfähige Mensch ohne Überzeugungen. Menschen ohne persönliche Überzeugungen können sich nur mehr anpassen.

In dem Maß, als der Mensch geistig verkümmert, wird er immer weniger imstande sein, seine Probleme und damit auch die Probleme seiner Umwelt zu lösen. Aus einer solchen Sicht rücken wesentliche Fragen des Menschen in unserer Zeit wieder in den Vordergrund – und dies gerade innerhalb des raschen Wandels unserer gesellschaftlichen Lebensformen, Denkweisen und Schlagworten, im Netz unserer medialen Informationen und Kommunikationssysteme.

Mit Recht sprechen wir heute von einem Wandel der Zeiten, heute vielleicht von einem allzu raschen Wandel. Der Mensch aber, in seiner leibseelischen Grundstruktur, bleibt immer derselbe. Daher sind seine Fragen, die ihn bedrängen, auch immer wieder dieselben. Der Mensch fragt auch an der Schwelle des neuen Milleniums nach Sinn und Ziel seines Weges, das heißt, er fragt letztlich nach Gott. Und Gott hat auf die Fragen des Menschen geantwortet, indem er seine Antwort, sein Wort, wie es die Propheten verkündet haben, in Menschengestalt zu den Menschen gesandt hat. Daher ist seit 2000 Jahren die Gottesfrage eng und unlöslich verbunden mit der Christusfrage.

„Niemand hat Gott je gesehen", so heißt es im Johannesevangelium (1, 1); „der Einzige, der Gott ist und am Herzen des Vaters ruht, er hat Kunde gebracht" (Johannes 1, 17 f.). Und der uns Kunde gebracht hat, ist Jesus Christus. Er ist nicht gekommen, damit er die Welt richte, sondern damit die Welt durch ihn gerettet wird (vgl. Johannes 3, 17). Dazu verkündet er als Grundlage das große Gebot der Liebe zu Gott und zu jedem Menschen: „Kein anderes Gebot", sagte Jesus, „ist größer als dieses Gebot". Und darauf kann man ein Reich des Friedens unter den Menschen in der Welt aufbauen. Die durch Christus gestiftete Gemeinschaft christlichen Glaubens durch all die Jahrhunderte ist der Sauerteig, um das Reich der Menschen zu verbinden mit dem Reiche Gottes.

Daß Gott durch Jesus Christus zur Menschheit gesprochen hat, ist nicht eine Projektion menschlicher Sehnsucht, sondern die Antwort einer 2000jährigen Geschichte mit einer unübersehbaren Zahl von Menschen, die dafür durch ihr Leben Zeugnis gegeben haben.

Denn: schöne Worte allein genügen nicht, sondern es ist das Zeugnis des Lebens, in dem das Gottesbild durch das Christusbild aufleuchtet. Denn Religion und christlicher Glaube ist nicht nur Wissen und Diskussion, sondern bedeutet Leben und Zeugnis geben für das Leben, durch das christliche Welt- und Menschenbild, das große Zeiträume verbindet.

Nach der Konstantinischen Wende hat Johannes Chrysostomus, seinerzeit Patriarch von Konstantinopel und Zeitgenosse des jungen Augustinus, erstaunlich aktuell, zu den jungen und frei gewordenen Christengemeinden des oströmischen Reiches gesprochen. Was er sprach, das gilt ungekürzt auch für uns Menschen des ausgehenden 20. Jahrhunderts. In einem seiner Kommentare zu den Paulusbriefen schreibt er: „Leuchtet wie Licht in der dunklen Welt ... Man braucht so etwas nicht zu sagen, wenn unser Leben wirklich leuchtete. Es braucht keine Belehrung, wenn wir Taten sprechen ließen. Es gäbe keine Heiden, wenn wir wahre Christen wären, wenn wir die Gebote Christi hielten ... aber: dem Geld huldigen wir genauso wie sie, ja, noch mehr als sie. Vor dem Tod haben wir Angst wie sie. Armut fürchten wir wie sie. Krankheit ertragen wir schwerer als sie ... wie sollen sie vom Glauben überzeugt werden? Durch Wunderzeichen? Wunder geschehen nicht mehr. Durch unser Verhalten? Das aber ist schlecht. Durch Liebe? Keine Spur ist davon zu sehen. Darum werden wir auch einst nicht nur über unsere Sünden, sondern auch über den Schaden Rechenschaft ablegen müssen, den wir angerichtet haben.“ Was Chrysostomus am Beginn eines christlichen Europa gesagt hat, gilt auch heute unverändert.

Das Bekenntnis, die Überzeugung des Johannes Chrysostomus spiegelt ein Gottesbild wider, das im Gottesbild der Propheten Israels wurzelt. Es ist ein anderes Bild, als wir es in unseren oft naiven und kindlichen Vorstellungen erfahren. Solche naiven Gottesbilder stehen nicht nur im Widerspruch zu den Propheten, sondern auch zur modernen Naturwissenschaft. Je größer das Universum als Schöpfung innerhalb von Raum und Zeit, je unauslotbarer die Tiefen seiner Geheimnisse, vom Atom bis zu den Gestirnern in unendlicher Zeitenferne, desto größer das Staunen über die Größe Gottes, desto bewegender die Botschaft Christi von einem Vater im Himmel, der auf die Menschen zugeht.

Hören wir daher am Ende des zweiten nachchristlichen Jahrtausends auf die Stimme des Propheten Jesaja aus dem achten vorchristlichen Jahrhundert. Die Leuchtkraft seiner Bilder und die Wucht seiner Sprache hat niemand später wieder erreicht:

„Wer mißt das Meer mit der hohlen Hand? Wer kann mit der ausgespannten Hand den Himmel vermessen? Wer wiegt die Berge mit einer Waage und mit Gewichten die Hügel? Wer lehrt ihn das Wissen und zeigt ihm den Weg der Erkenntnis? Seht, die Völker sind wie ein Tropfen am Eimer, sie gelten so viel wie ein Stäubchen auf der Waage. Ganze Inseln wiegen nicht mehr als ein Sandkorn. Alle Völker sind vor Gott wie ein Nichts, vor ihm sind sie wertlos und nichtig. Mit wem wollt ihr euch vergleichen und welches Bild an ihre Stelle setzen? Weißt du es nicht, hörst du es nicht? Der Herr ist ein ewiger Gott, der die weite Erde erschuf“ (Jesaja 40, 12).

Ein solches Gottesbild steht kraftvoll und unverändert auch in unseren Tagen.

Gottesfinsternis ?

Zur Lage von Glaube und Kirche in einer nachchristlichen Gesellschaft

von Hans Maier

Unsere Zeit ist unübersichtlich. Es ist schwer, sich gründlich zu orientieren. Unsere Kinder sitzen lange, oft allzulange auf den Schulbänken, um nur ja alles richtig zu begreifen. Wir alle haben damit zu tun, unsere Gegenwart zu verstehen – oft ist dazu lebenslanges Lernen nötig. Das fordert jeden – und überfordert nicht wenige. Kein Zweifel – viele Zeitgenossen haben Schwierigkeiten mit dem Vermittelten, Abgeleiteten, das zum modernen Leben gehört. In viele Dinge muß man erst mühsam eindringen, sie erschließen sich nicht unmittelbar von selbst – so die repräsentative Demokratie mit ihren Umständlichkeiten, so das komplizierte moderne Recht mit seiner Verfahrens-Mühsal und seiner Loseblatt-Flut, so die öffentliche Erziehung mit ihren Lehrplänen, Lernkontrollen, Unterrichtsbeamten, Abschlüssen und Zertifikaten. Das alles dauert vielen zu lange, ist vielen zu umständlich, zuwenig hautnah und unmittelbar. Ein Zug zum Konkreten, Erlebbaren, zu dem, was man hören, sehen, schmecken, fühlen kann, macht sich bemerkbar. Man will nicht mehr auf die Zukunft vertröstet werden. „Wir wollen alles und wollen es jetzt" – das ist nicht nur eine Parole in der Jugendszene. Manchmal denke ich, mit den ultrakonkreten, oft fundamentalistischen Strömungen von heute breite sich so etwas wie ein kleines Stück Mittelalter unter uns aus: die gleiche Glaubenssehnsucht, der gleiche Naturalismus, die gleiche Nah-Sicht, Gier und Ungeduld.

Die Zeit, in der wir leben, bietet viele verwirrende Ansichten. Das Neue, ständig als Befreiung vom Alten gefeiert, braucht sich ab. Der permanente soziale Wandel, die stetige Wegnahme des Gewohnten hinterläßt Erschöpfung. Die unermüdlich als Fortschritt gepriesene Motorik des Daseins ermüdet. Gehen wir nicht heute durch viele Häuser, Arbeitsplätze, Wohn-, Eß- und Schlafgelegenheiten ebenso selbstverständlich hindurch, wie umgekehrt unsere Vorfahren sich von diesen Dingen – Bürgen langer Dauer – überholen ließen? Früher menschliches Handwerk,

das die kurze Lebensspanne einer Generation durch Dauer und Qualität in den Schatten stellte – heute das Leben selbst, das sich gegenüber den wechselnden Schauplätzen, Geräten, Umwelten des Menschen als das mit längerem Atem Dauernde erweist. Daß in solchen Umständen Unübersichtlichkeit schmerzt und der Wunsch nach Stabilisierung, Verstetigung, nach Übersicht, Orientierungen und Geländern übermächtig wird, kann man gut verstehen.
Und endlich: Rationalität in Staat und Kirche, Gesellschaft und Kultur, in allen Lebensbereichen. Sie ist eine unentbehrliche Voraussetzung modernen Lebens. Niemand kann wünschen, daß sie leichtfertig preisgegeben wird. Aber Rationalität verbreitet Kühle. Sie läßt die öffentliche Temperatur sinken. Am Ende erfahren wir überall kalte Wahrheiten, die uns nicht helfen. Es gibt einen Witz, der die Diskursethik ironisiert: Jemand fragt nach dem Weg, der Gefragte weiß ihn nicht und schüttelt den Kopf, fügt aber hinzu: „Aber es ist gut, daß wir darüber gesprochen haben!" Das wirft ein Licht auf den paradoxen Umstand, daß wir manchmal tatsächlich lieber angesprochen als überzeugt werden wollen, daß wir gar nicht immer letzte Wahrheiten suchen, aber fast immer Begegnung mit anderen. Man versteht den heutigen Zug zu Sekten, Erwekkungsbewegungen, Mysterien und Magie nicht ganz, wenn man darin nur Obskurantismus und die Absage an das Licht der Vernunft sieht – oft suchen die Menschen nur die Tuchfühlung, die Hautnähe, die der verständige Diskurs der Lippen nicht hergibt.

Zur Lage des Glaubens. Auch mit dem Sprechen über Kirchen und Glauben ist es heute nicht mehr so einfach wie früher – wenn es je einfach war. Man spricht leichter über Religion als über Kirche, leichter über Gläubigkeit als über den Glauben, leichter über Wahrhaftigkeit als über Wahrheit – kurzum, der Geist der Zeit liebt das Allgemeine, oft das Stimmungshafte und scheut das Verbindliche und Verpflichtende. Christentum und Kirche, Katechismus und Kirchenrecht, Bischöfe und Päpste – das stößt viele ab. Über das Religiöse dagegen, über Religion im allgemeinsten Sinne, nach Möglichkeit ohne Kirche, über die Religionen der Welt, über eine „pluralistische Religionstheorie" – darüber läßt sich trefflich diskutieren. Gilt also der Satz: Religion ja, Kirche nein? Welche Zukunft haben Glauben und Kirche?
Wäre es möglich – um gleich den schlimmsten Fall anzunehmen – daß die Kirche bei uns im nächsten Jahrhundert einfach verschwände? Daß

sie zumindest so schwach würde, daß man sie als soziale Größe vernachlässigen könnte? Also keine Volkskirche mehr, keine Taufe, keine Sakramente, kein Religionsunterricht in öffentlichen Schulen, kaum Kirchen, nur noch wenige Gottesdienste, fast im geheimen gehalten? Kann man sich vorstellen, daß unsere Kirchen und Dome eines Tages abgebrochen würden, so wie es in Cluny, der früher einmal größten Kirche im Abendland, nach der Französischen Revolution geschah, als das Bauwerk öffentlich zum Verkauf als Steinbruch ausgeschrieben und bis auf einen Rest vernichtet wurde? Oder daß die Kirchen nur noch als Denkmäler weiterbestünden, als Monumente vergangener Zeiten, als Erinnerung an etwas, das einmal war, aber nun nicht mehr ist: Gottesdienste, Predigten, Versammlungen der Gläubigen?

Nun, von einem derartigen Zustand sind wir heute weit entfernt. Aber denkbar ist der Fall schon; so etwas hat es in den zweitausend Jahren Christentumsgeschichte immer wieder gegeben. Die Kirchengeschichte ist voll von Aufbrüchen und Gründungen. Sie ist aber auch voll von zerstörten Kirchen, verschwundenen Gemeinden; vieles erinnert uns an unwiderruflich untergegangenes, einstmals blühendes Kirchenland. Von wie vielen Orten und Regionen wurde „der Leuchter weggerückt"! Wir haben es in unserem Jahrhundert erlebt: in Rußland nach 1917, im China der Kulturrevolution, in NS-„Musterregionen" wie dem Warthegau. Wer heute durch die Länder des einstigen Ostblock fährt, erlebt an vielen Orten die mühsame Wiederherstellung von Kirchen aus Parteihäusern, Museen des Atheismus, Schwimmbädern, Sternwarten. *Umgewidmet* ist eine Kirche rasch; daß sie der ursprünglichen Bestimmung *zurückgegeben* wird, setzt Anstrengungen voraus, verlangt den Einsatz von Gläubigen. Wie aber, wenn gar keine Gläubigen mehr existieren, wenn von einer religiösen Kultur nur noch Trümmer übriggeblieben sind?

Das ist ein Schreckbild, gewiß. Aber es kann uns doch heilsam aufwckken aus dem Schlaf der Sicherheit. Was wir besitzen aus einer langen Überlieferung, aus einer vitalen Verbindung von Kirche und Gesellschaft, Religion und Kultur, das muß nicht für alle Zeiten weiterbestehen. Es kann verfallen, kann untergehen. Zivilisationen sind sterblich – Kirchen auch. Nichts läßt sich auf die Dauer schützen und konservieren, wenn Geist und Leben schwächer werden und schließlich absterben. Lebendig bleibt nur, was bei Menschen Wurzeln geschlagen hat und fortbesteht. Sonst wird auch das schönste Äußere einer Kirche zur toten Fassade. „Fehlt der Geist, ist das Dogma nur noch ein Mythos und die

Henri de Lubac

„Fehlt der Geist, ist das Dogma nur noch ein Mythos und die Kirche nur noch eine Partei.“ (aus: *Glaubensparadoxe*)

Kirche nur noch eine Partei" – das stammt nicht von einem Feind des Christentums, sondern von einem großen Theologen unseres Jahrhunderts, Henri de Lubac (Glaubensparadoxe, Einsiedeln 1972, 12). Wir sollten seine Warnung beherzigen.

Die erste Frage muß sein: Wie ist die Situation? Es gilt, ein von Beschönigungen und Selbsttäuschungen freies Bild der Krise zu gewinnen. Die zweite Frage heißt: Wie kommen wir aus der Defensive heraus? Es gilt, Kräfte zu sammeln, Aufbrüche zu wagen, einen Geist der Zuversicht zu entwickeln. Denn so schwer die Krise ist, so sehr uns die Lage des Glaubens oft genug bedrückt und entmutigt: Skepsis und Resignation wären die falsche Antwort. Wir sollten uns treffen lassen von der Glaubensnot, aber auch vom Glaubensverlangen vieler Menschen – von der „Gottesfinsternis", die uns belastet (denn die Erfahrungen der „Gottesfinsternis" reichen in die Kirche selbst hinein), aber auch von der Kraft des Wortes Gottes.

Es zeigt sich, daß der christliche Glaube heute für viele Menschen kein existentielles Problem mehr ist. Gott ist für viele keine Frage mehr. Immer mehr Menschen befinden sich auf dem Rückzug in die reine Endlichkeit. Sie geben sich zufrieden mit dem, was sie umgibt, mit dem Greifbaren, Meßbaren, Machbaren.

Andere Zeitgenossen, darunter manche Jugendliche aus christlichen Familien mit gläubigen Eltern, trennen sich bewußt von der Kirche und vom christlichen Glauben. In einem Brief an gläubige Eltern, der in der Zeitschrift „Christ in der Gegenwart" abgedruckt wurde, lesen wir: „Ich beanspruche nicht, hier eine vollständige Widerlegung aller kirchlichen Lehren und Ansichten auszubreiten. Das haben seit Voltaire und Feuerbach andere besser und umfassender getan. Ich will dagegen schildern, wie bei mir persönlich der sogenannte christliche Glaube trotz recht guter Voraussetzungen in Elternhaus, Schule und Pfarrei ziemlich ausgetrocknet ist. Ich glaube, die meisten Jugendlichen entfernen sich von der Kirche in der Zeit der Pubertät aufgrund ihrer ersten sexuellen Erfahrungen. Die Erfahrung zeigt bald: Was an Moral und Ethik notwendig ist unter den Menschen, kann auch ohne Kirche erkannt und gehalten werden. Eine Gesellschaft, in der Kirche nicht mehr als der bestimmende Faktor gilt, ist keineswegs 'unmoralischer' als eine sogenannte christliche Zivilisation (wie im Mittelalter oder im Barock). Menschen, die aus der Kirche ausgetreten sind, leben moralisch durchaus nicht 'schlechter' als die Kirchenchristen. Zu viele Widersprüche in der sogenannten Offenbarung, zu viel Ungereimtes und Widersinniges hindert mich, meine religiösen Bedürfnisse innerhalb der Kirche zu leben. Aber ich bin außerhalb der Kirche durchaus nicht unglücklich."

Das sind aufschlußreiche Sätze. Sie lassen die Haltung einer bewußt nachchristlichen Gesellschaft erkennen, die sich bei uns zu etablieren beginnt. Sie werfen auch ein Licht auf den Wertewandel, der sich heute zwischen Eltern und Kindern, Erziehern und jungen Menschen abspielt. Sie sind gerade in ihrer nüchternen, emotionslosen Art eine Herausforderung für uns alle.

Das Bild wäre jedoch nicht vollständig, würde man nicht auch die Gegenbewegungen verzeichnen. Es gibt nicht nur die Abwendung von der Kirche, das Sterben der Kirche in den Seelen – es gibt auch breite Strömungen von Sinnsuche, Glaubenssuche, es gibt das Verlangen nach einer neuen, die überlieferten Formen überholenden Religion. Man will religiös sein ohne Kirche, man strebt nach einer anderen, „sanfteren" Religion, die nicht nur auf Weltbemächtigung aus ist, sondern auf fromme Verehrung des Universums. Das religiöse Spektrum zeigt erstaunliche Vielfalt, freilich auch Züge der Beliebigkeit. Religion wird zur Kuschelecke, zum grünen Gemütswinkel, zum Abenteuerspielplatz des Geistes. Ein universeller Synkretismus vereinigt alle Gegensätze: Astrologie, Kosmologie, Reinkarnation, magische okkulte Praktiken stehen nebeneinander. So wenigstens im Abendland, während anderswo, vor allem im Islam, die militanten Züge des Religiösen neue Kraft gewinnen: in heiligen Kriegen und leidenschaftlichen Fundamentalismen, in einem Himmel und Erde kurzschließenden „Gott will es!", das keine Unterscheidung, keine Geduld und keine Toleranz kennt.

Nirgends ist die neue Religiosität, die uns heute in immer neuen Gestalten umgibt, weiter vom christlichen Geist entfernt als gerade in ihrer seltsamen Gestaltlosigkeit und Unpersönlichkeit. Ihr ist Gottes Name wahrlich „Schall und Rauch". Gott ist aber nicht ein ungreifbares Aroma, ein diffuser Reiz – er ist ein jemand. Und Glaube ist ein bestimmter Glaube, formulierbar, anschaulich, dem Geist zugänglich – nicht einfach ein Gefühl, ein Dahinschmelzen vor überwältigenden Mächten. Vielleicht ist es so, daß heute, im Strudel eines neuen Irrationalismus, die Christen die Pflicht haben, auch die Substanz der Aufklärung weiterzutragen, sie zu verteidigen gegen die Abdankung des Intellekts und gegen einen irrlichternden Subjektivismus. Dazu ist freilich eines nötig: daß die

Christen Christen bleiben, daß sie ihren Glauben erkennen, lebendig machen und weitergeben.

Was den Glauben schwer macht. Was macht Glauben – das wirkliche, bestimmte Glauben, nicht das unbestimmte Glaubensgefühl – heute schwer? Mit dieser Frage bewegen wir uns von der Betrachtung der Lage weg zu den Ursachen hin. Ich meine, daß vor allem drei Ursachen genannt werden müssen: 1. Die Wirkung neuzeitlicher Wissenschaft und Weltaneignung, 2. die umfassende Daseinssicherung im modernen Staat, 3. die Verselbständigung und Institutionalisierung christlicher Gehalte in humanitären „selbsttragenden" Einrichtungen der Gesellschaft.
1. Was *moderne Wissenschaft und Weltaneignung* für den Glauben bedeutet, liegt vor aller Augen. Vieles, wenn nicht fast alles an der Welt, so scheint es, erklärt sich heute selbst, bedarf nicht mehr der Brücken und Auslegungen des Glaubens. Gewiß, man ist bereit, „das Unerforschliche ruhig zu verehren" (Goethe). Aber die Wissenschaft hat die Welt erklärt und verfügbar gemacht – und damit hat sie sie zugleich entzaubert. Unerbittlich und unausweichlich steht der Mensch heute seinen eigenen Werken gegenüber. Aber sie sind ihm fremd geworden. Und so klingt durch allen Erkenntnisstolz hindurch ein Ton der Klage darüber, daß die Wissenschaft die „Welt zerdacht", daß sie den Menschen vereinzelt hat, daß nichts mehr zurückführt zu der alten Einheit, die Gottfried Benn in seinem Gedicht „Verlorenes Ich" beschwört:

Und alle rannen aus der einen Wunde
brachen das Brot, das jeglicher genoß –
o ferne zwingende erfüllte Stunde,
die einst auch das verlorene Ich umschloß.

Der Christ weiß, daß es kein Entrinnen aus der gottgeschaffenen, ihm in die Hand gelegten Welt gibt. Aber auch er möchte den Glauben manchmal gern anlehnen an irdische Erfahrbarkeiten und Greifbarkeiten, auch er muß in den leer gewordenen Räumen der zerdachten Welt manchmal wider alle Hoffnung hoffen, und Pascals Entsetzen über das „Schweigen der unendlichen Räume" ergreift auch ihn.
2. Die Wissenschaft bemächtigt sich der Welt zum Zweck der Sicherung des Lebens. *Der moderne Staat* schafft feste Ordnungen, berechenbare Abläufe, Frieden und Recht. Beide, Wissenschaft und Staat, nehmen

dem Menschen heute vieles im Leben ab, um das er lange bangen mußte, auf das er kaum zu hoffen wagte. Sie sichern ihn im Dasein. So kann die Illusion aufkommen, diese Sicherung hinge nur von Institutionen ab, und es komme einzig auf ihr gutes Funktionieren an. Was soll denn, so fragen manche, der Glaube an einen Weltenrichter in Zeiten eines Rechts- und Verfassungsstaates und einer lückenlosen irdischen Gerichtsbarkeit? Was der Glaube an einen gnädigen Gott angesichts eines Sozialstaats, der als Recht zuweist, was der Glaube nur als Gnade erbitten kann? Muß die Frage der Gerechtigkeit ständig ins Jenseits vertagt werden? Kann Gerechtigkeit nicht schon auf Erden aufgerichtet werden, hier und jetzt?

Kein Zweifel, auch hier hat der Glaube viele seiner handgreiflichen Stützen und Geländer verloren, er muß schauen, wie er, auf sich gestellt, zu Rande kommt. In der älteren Welt gab es wenig Sicherheit. Die moderne bürgerliche Kultur dagegen ist eine Welt der Sicherheiten und Versicherungen. Gewiß, die Grenzen sozialstaatlicher Sicherungen werden uns heute mehr denn je deutlich. Es zeigt sich, daß auch der Sozialstaat von Voraussetzungen lebt, die ihm vorausliegen, die er selbst nicht schaffen kann. Aber auch hier führt die Enttäuschung über irdische Gerechtigkeit nicht zur himmlischen zurück. Eher schlägt die Enttäuschung über ausbleibende Sicherheiten nach innen um: Die sozialen Netze sollen immer perfekter, die Garantien immer lückenloser werden. Reißt dann die Dekke doch, so wendet sich aller Zorn gegen den staatlichen Leviathan als „sterblichen Gott“, der keiner war und schmählich versagt hat. Die Einsicht ist noch fern, daß auch der Sozialstaat von alten christlichen und menschlichen Tugenden des Verzichts, der Generationensolidarität, des Opfers, der Anstrengung und Regenerationskraft lebt, daß er zugrundegehen muß, wenn sie fehlen.

Noch erlebt der moderne Mensch, trotz aller Ahnung kommender Katastrophen, die selbstgeschaffenen Sicherungen als stärkste Macht einer erfahrbaren Umwelt. In seinem künstlichen Nest aus Glas, Beton und Elektrizität fühlt er sich unabhängig vom Tages- und Jahreswechsel, von allem plötzlich Einbrechenden, Unvorhersehbaren. Die rationalen Sicherungen des Daseins scheinen noch immer zu tragen. So kommt es, daß sich das Religiöse bei vielen, ja den meisten auf die Grenzerfahrungen zurückzieht, die von diesen Sicherungen nicht umgriffen werden: Geburt, Tod, Krankheit, Liebe, das Wagnis von Partnerschaft und lebenslanger Bindung. Hier, in den großen Einschnitten des Lebens begegnet die Kirche noch immer der überwältigenden Mehrheit der Menschen.

Hier ist sie noch immer Volkskirche. Das Problem liegt darin, daß diese Begegnungen oft nur punktuell und flüchtig sind, daß sie für viele ohne Folgen bleiben. Ein religiöser Schauer dringt von Zeit zu Zeit, beruhigend oder beunruhigend, in die Menschen ein, doch bald ist alles wie zuvor. Das System der Lebensversicherungen wird davon nur punktuell durchbrochen.

3. Ist das nun ein Evangelium menschlicher Rechtschaffenheit, welches das wahre Evangelium, die Gottesbotschaft von Schuld und Sühne, Erlösung und Befreiung verdrängt hat? So zu urteilen wäre viel zu einfach. Die Schwierigkeit besteht ja darin, daß diese moderne Welt aus christlichen Antrieben heraus entstanden ist, daß sie ihre christliche Abkunft noch in ihren Abweichungen, Vereinseitigungen, Verirrungen auf der Stirne trägt. Der Glaube, der nach Erkenntnis strebt und die Welt durchdringen will, das in Freiheit, Frieden, Brüderlichkeit geeinte soziale Leben, die Sorge für den anderen, Menschenrechte und Menschenwürde, die grundlegenden Unterscheidungen von Kirche und Staat, öffentlicher Ordnung und Gewissenssphäre – das alles sind Ergebnisse einer langen inneren Formung der Gesellschaft durch das Christentum. Paradoxerweise könnte man sagen: Der christliche Glaube ist in der *modernen Gesellschaft* auch deswegen unanschaulich geworden, weil seine weltlichen Wirkungen in viele Sachstrukturen von Politik, Gesellschaft, Wirtschaft eingegangen sind. So gesehen, wäre das Christentum der Moderne – wie es der Kulturprotestantismus gesehen hat – das Opfer seines eigenen Erfolgs. Doch das ist nur die halbe Wahrheit. Denn ein inkarnatorisches Eingehen der christlichen Botschaft in die Welt müßte zu einer Verfassung der Offenheit, der ständigen Revisionsbereitschaft führen – nicht aber zu einer rationalen Abschließung des Daseins in immer perfekteren Sicherungen. Immer müßte der Ursprung, die Fülle des Anfangs gegenwärtig sein eingedenk der Tatsache, daß das Christentum keine geschichtliche Größe, sondern die Geschichte selbst eine christliche Größe ist (Henri de Lubac). So macht uns die moderne Gesellschaft mit ihrem Angebot „selbsttragender" Sicherungen und Versicherungen den Glauben leicht und schwer zugleich: leicht, weil wir in ihr unzweifelhaft den Spuren des Christentums begegnen, schwer, weil zumindest ein Teil der Moderne seine ganze Kraft darauf verwendet, diese Spuren zu verwischen.

Der Anblick der Kirche und der Glaube. Macht auch der Anblick der Kirche den Glauben schwer? Ich möchte diese Frage bejahen. Dies freilich nicht im vordergründigen Sinn der heute üblichen Polemik gegen die „Amtskirche", im Sinn des heute gängigen „antirömischen Affekts" (Hans Urs von Balthasar) – vielmehr in jenem ehrlicheren und tieferen Sinn, daß wir in den Armseligkeiten der Kirche unserer eigenen Armseligkeit ins Auge schauen. Denn Kirche ist ja nichts, zu dem wir uns verhalten könnten wir zu einem anderen – Kirche sind wir selbst, also die, die sich als Christen verstehen.

Der schlichte Christ und „gute Sünder" (Charles Péguy) hat mit der Kirche heute oft elementare Schwierigkeiten. Einmal ist die Kirche unanschaulich und manchmal unansehnlich geworden. Ihr fehlt der große Zug ins Öffentliche, die mitreißende, alles verbindende Kraft. Im allgemeinen Grau in Grau ist sie eine unter vielen. Das kann wohl auch im Zeichen sinkender Zahlen und mühseliger Erhaltung des Bestandes nicht anders sein. Ich plädiere angesichts dieser Lage auch nicht für barocken Triumphalismus, für ein Haus voll Glorie, für Schaugepränge in der Öffentlichkeit. Wohl aber bin ich für eine deutlicher umrissene Sichtbarkeit und Hörbarkeit. Laien, Geistliche und Religiöse sollten sich nicht in falsch verstandener Arkandisziplin aus der Öffentlichkeit zurückziehen in eine vornehm-diskrete Anonymität. Kirche muß um des Glaubens willen, den sie allen verkünden will, auch für alle erkennbar bleiben – erkennbar auch in ihren Ämtern, Funktionen, Ständen. Bei den Ordensleuten war das immer unstrittig. Warum sollte es bei den Priestern anders sein? Die Laien bedürfen keiner besonderen Distinktion, sie tragen ihren Weltruf als Kleidung – aber könnten nicht auch sie sich manchmal deutlicher als Christen zu erkennen geben, zum Beispiel am Arbeitsplatz?

Unanschaulich geworden ist aber nicht nur das äußere Erscheinungsbild der Kirche. Unanschaulich geworden ist auch der Glaube selbst. In vielen Altersgruppen, in vielen Schichten unserer Bevölkerung stehen wir heute fast vor einem Nichts an Glaubenswissen. Vieles an unentbehrlichen Kenntnissen und Übungen ist verschüttet. Ein Teilchristentum, ein Auswahlchristentum etabliert sich vielerorts, ein Angebot von Glaubensstücken und Glaubensresten ohne Einheit und Zusammenhalt. Wo ist das Kat'holon, das Ganze, Umfassende, Katholische? Ist es nicht dabei, durch freundliche Sonderangebote ersetzt zu werden, die niemandem wehtun, aber auch niemanden begeistern können – eine bequeme Lehre zum Ohrenkitzel, fernab vom Fordernden, Provozierenden der christlichen Botschaft?

Eine Zeitlang hat man gemeint, das Problem des deutschen Katholizismus sei nicht seine mangelnde Orthodoxie, sondern seine mangelnde Orthopraxie. Man sah einen Nachholbedarf an Handeln, Hoffen, Nächstenliebe. Mir scheint es eher umgekehrt zu sein. Die Lehren der Orthopraxie hat der deutsche Katholizismus inzwischen gründlich gelernt: Kaum eine Ortskirche ist weltkirchlich so engagiert tätig (und kann es auch dank beträchtlicher Kirchensteuermittel und einer großen Spenden- und Aktionsbereitschaft ihrer Glieder sein!); kaum eine gibt so viel vom Eigenen weiter an andere, kaum eine arbeitet an so vielen humanen, sozialen, erzieherischen Projekten in aller Welt. Das ist nicht tadelns-, sondern bewundernswert. Hier liegt ein unentbehrlicher Beitrag der deutschen Kirche für die Weltkirche. Aber lebt hinter diesen höchst begrüßenswerten Aktivitäten wirklich ein leidenschaftlicher, bergeversetzender Glaube? Fliehen wir nicht manchmal in Taten, weil wir der Fundamente nicht mehr ganz sicher sind?

Was zu tun ist. Wenn wir uns fragen, was zu tun ist, so möchte ich eines an den Anfang stellen: Es gilt für uns als Kirche und als einzelne, ein klares Ja zu sagen zu der Zeit, in der wir leben, zu unserer Situation. Es geht darum, die „Stunde" zu erkennen, in der wir leben und diese im Lichte des Evangeliums anzunehmen. Es ist ein Ja, das sich in der Kraft des Evangeliums der geschichtlichen Situation stellt. Es ist ein Ja, das wir als Kirche in der Bundesrepublik und als verantwortliche Glieder der Kirche sprechen und in dem wir unsere Verantwortung für den Glauben übernehmen.

Das Stichwort heißt Neuanfang, Mission, Evangelisierung. Es gilt, Gott selbst zum Thema werden zu lassen. Wenn die Gotteskrise in der nachchristlichen Gesellschaft in Wahrheit eine Krise des Glaubens selbst ist, dann müssen wir uns neu der Wirklichkeit vergewissern – für uns selbst, für unsere Gemeinden und Verbände, für die Kirche. Gott selbst muß zum Thema unseres Lebens werden. Es geht um die Evangelisierung derer, die nicht mehr oder noch nicht glauben. Evangelium muß Lebensgeschichte mitten in Kirche und Welt werden, Band der Gemeinschaft, Erfahrung unseres eigenen Lebens und Sterbens (Klaus Hemmerle). Wenn Gott zum Thema des Lebens gemacht wird, kann das Ureigene des Gebetes und das Ureigene der Sakramente neu entdeckt werden, ohne sogleich auf menschliche Bedürfnisse und Zwecke bezogen zu werden. Es gilt, sich neu zu vergewissern, was Tradition, Weitergabe ist: Es ist die Weitergabe des Lebens Gottes selbst, das in Christi Tod und Auferstehung sich ein für allemal für die ganze Menschheit eröffnet und geschenkt hat.

Um dieses Leben weiterzugeben, müssen alle Wege genutzt werden, die uns zur Verfügung stehen. Die Gemeinde allein genügt heute für die Aufgabe der Weitergabe des Glaubens nicht. Es braucht ebenso die Präsenz der Kirche in der Öffentlichkeit. Man sagt, die Strukturen der Kirche in der Bundesrepublik seien äußerlich intakt, drohten aber geistlich auszubluten. Man stellt fest, die Verkündigung erreiche wegen ihrer Sprache und Situationsfremdheit viele Menschen nicht mehr oder ziehe sie nicht an. Ist es dann nicht an der Zeit, alles, was Kirche administrativ und pädagogisch tut, einer Prüfung zu unterziehen und darauf zu schauen, wie sie gleichzeitig zeitgemäß und unzeitgemäß reden kann?

Das Gespräch, der Dialog, die offene Kommunikation ist Voraussetzung für eine gelebte Communio in der Kirche. Darum muß die Kommunikation in der Kirche verbessert werden. Es muß das Gespräch mit allen aufgenommen werden, gerade auch mit denen, die vielleicht innerlich bereits daran denken, aus der Kirche auszutreten oder die bereits die Kirche verlassen haben. Ein Beitrag für dieses Gespräch könnte es auch sein, daß einmal untersucht wird, welche Beweggründe zum Austritt führen. Zu diesem Gespräch gehört auch eine vermehrte Wachheit für die Ökumene und das Gespräch mit unseren nicht-katholischen Brüdern und Schwestern im Glauben. Dieses Gespräch sollte nicht nur kirchenamtlich geführt werden; es ist darauf angewiesen, daß es auf allen Ebenen, wo Christen leben, gewagt und weitergeführt wird. In der immer wieder erneuerten Gesprächsbereitschaft der einzelnen und Gruppen, der Gemeinden und der ganzen Kirche muß sich jene Grundhaltung ausdrücken, die Joseph Ratzinger einmal als „Proexistenz“ bezeichnet hat: Christ sein zeichnet sich dadurch aus, daß es Dasein für alle Menschen und mit allen Menschen ist. Diese Grundhaltung beginnt im Gespräch, im Dialog.

Dieses Gespräch muß auch im Innern der Kirche aufgenommen und verbessert werden, damit jeder einzelne auch persönlich über den Glauben, über seinen Glauben und seine Gemeinschaft mit Gott reden und seine persönliche Glaubensentscheidung auch vor anderen vertreten und begründen kann. Hierbei muß bedacht werden, daß es auch in dieser Hinsicht viel guten Willen gibt, allerdings auch eine gewisse Scheu, den eigenen Mangel vor anderen einzugestehen. Die Kirche insgesamt muß

sich auf den Weg machen, das Gespräch und den Dialog neu einzuüben, das Gespräch im Innern und das Gespräch nach außen.
Sodann müssen wir unsere Aufmerksamkeit neu den Medien zuwenden. Allzu leicht lassen sich Christen heute auf eine Medienschelte ein, ohne die Chancen der Mitarbeit und Mitgestaltung der Medien, sei es der Printmedien oder der elektronischen Medien, zielgerecht und konsequent zu nutzen. Es ist wichtig, mit Journalisten und Redakteuren ständig persönlichen Kontakt zu halten. Darum kann uns die Frage nicht gleichgültig lassen, wie die Kirche und wie der Glaube nach außen sichtbar werden. Es muß alles dafür getan werden, daß die christliche Botschaft, die ja in Wahrheit von Bedeutung für das öffentliche Leben ist, nicht Privatsache wird, sondern öffentlich dargeboten wird. Wir müssen öffentlich darüber reden und darüber ins Gespräch kommen.
Wenn wir den Glauben lebendig machen wollen in unserer Gesellschaft, wenn wir ihn zu den Mitmenschen bringen wollen, die ihm fernstehen oder sich ihm entfremdet haben, dann braucht es eine gemeinsame Aktion aller in der Kirche, des Amtes und der Laien, der Familien, Gemeinden, Verbände, des Religionsunterrichts und der Medien. Wir müssen die gemeinsame Verantwortung für den Glauben vertiefen und persönlich wahrnehmen. Der Christ muß sich selbst investieren in den Dienst am Mitmenschen und an der Welt. Das ist nur möglich durch persönliches Zeugnis, durch den Einsatz der eigenen Person. Zum Wort muß die Tat, zum Bekenntnis müssen der gesellschaftliche Einsatz, die Diakonie und die Nächstenliebe hinzutreten. Werden sie bewußt gemacht und aufgearbeitet, können sie einen neuen Aufbruch für den Glauben in unserem Land bedeuten.
Vergessen wir nicht: Für die Weltkirche sind diese Jahre eine Zeit der Aufbrüche. Die Zeit nach einer nach innen geschlossenen christlichen Welt geht zu Ende – doch in der „reinen Welt“ von heute, in der die Kirche genauso wieder Mission ist wie in der christlichen Antike, erreicht der Glaube inzwischen alle Orte, alle Völker. Fast erstaunt findet sich die Kirche, den Verfolgungen des 20. Jahrhunderts kaum entronnen, heute als Weltkirche wieder. Sie ist als Zeichen allen sichtbar, über die ganze Erde hin. Mag sein, daß ihre Schwerpunkte sich verlagern, mag sein, daß Europa heute von der Mitte an den Rand der Kirche rückt – untergehen wird die Kirche nicht. An uns ist es, ihr an ihren alten Stätten Kraft und Glaubwürdigkeit zurückzugeben, damit sie überall Zeugnis ablege von unserer Freude und unserer Hoffnung.

Der fremde Gott

Eine theologische Reflexion

von Peter Hünermann

1990/1991 wurde zum zweiten Mal eine europäische Wertestudie durchgeführt, in der auch nach dem Glauben an Gott gefragt wurde. Die Unterschiede in den einzelnen Ländern sind groß. Im Ganzen sind die Zahlen besorgniserregend. Zwar bezeichnen sich nur etwa 4 Prozent der Europäer als Atheisten. Die ostdeutschen Bundesländer halten den absoluten Rekord mit 19 Prozent. Dazu kommen in den Ländern Europas aber nochmals 14 Prozent der Bevölkerung, die erklären, sie glaubten nicht, daß es einen Gott, ein höheres Wesen oder eine jenseitige Macht gebe. Dazu gibt es noch einmal europaweit 18 Prozent, die bekennen, daß sie nicht wissen, was sie glauben sollen. Dann kommen 33 Prozent, die irgendein höheres Wesen oder eine geistige Macht annehmen und nur 35 Prozent glauben an den lebendigen Gott.

Für zwei Drittel der europäischen Bevölkerung ist Gott ein fremder Gott. Diesem Befund stehen Sätze der Bibel entgegen. Der Mensch wird als „Bild Gottes" bezeichnet. „Dann sprach Gott: 'Laßt uns Menschen machen als unser Bild, uns ähnlich.' ... Gott schuf also den Menschen als sein Bild, als Bild Gottes schuf er ihn. Als Mann und Frau schuf er sie" (Genesis 1, 26 f.). Sieht man am Bild nicht den Abgebildeten? Müßte Gott nicht an den Menschen allen Menschen aufgehen?

Aber die Bibel sagt noch mehr. Gott spricht den Menschen an. „Das Wort ist ganz nahe bei dir, es ist in deinem Mund und in deinem Herzen, du kannst es halten" (Deuteronomium 30, 14). Der Text betont ausdrücklich, daß der Mensch nicht zum Himmel aufsteigen oder über das Meer zu schiffen habe, um das Wort, das Gott zu ihm spricht, zu vernehmen. Gott spricht den Menschen im sittlichen Gebot an. Gleichwohl bleibt die Fremdheit Gottes.

Paulus, der in seinem Brief an die Römer dieses alttestamentliche Wort zitiert, sagt lakonisch, daß die Menschen oftmals die „Wahrheit durch Ungerechtigkeit niederhalten" (Römer 1, 18). Das gibt es zweifellos. Aber gibt es nur die durch massive Ungerechtigkeit ausgelöste Verkennung Gottes? Viele, die sich keiner gravierenden Schuld bewußt sind, beteuern, daß sie mit dem Gottesgedanken nichts anfangen können. Sie wissen nicht, was sie mit dem Wort „Gott“ verbinden sollen. Ist Gott, wenn es ihn gibt, nicht jenseits aller Vorstellungen und Gedanken? Anselm hat dies auf die Formel gebracht: maius quam cogitari possit – größer als daß man ihn denken könne. Wo und wie kann der lebendige Gott dann aber erkannt und geglaubt werden?

Man kann Gott nicht argumentativ konstruieren. Schlußfolgernde Reflexionen führen – je nachdem von welchen denkerischen Voraussetzungen man ausgeht – zu einem Absolutum, einem Fluchtpunkt X des Denkens, einem namenlosen Von-Woher des Urknalls oder Ähnlichem. Solche Denkwege führen vielleicht in die Nähe des lebendigen Gottes, aber sie führen nicht zur Begegnung mit ihm.

Welches ist der Weg des Menschen zu Gott? Ist es nicht der Mensch selbst? Wenn er Bild Gottes ist, muß er dann nicht auch der Weg oder wenigstens der Wegeweiser sein? Die mittelalterlichen Theologen haben auf diese Frage mit einer Unterscheidung geantwortet. Der Mensch ist an sich nur seiner Anlage nach Bild Gottes. Erst dort, wo er mit seiner Vernunft und mit seinen ganzen Erkenntniskräften die Wahrheit und Wahrhaftigkeit sucht, wo er mit seinem Wollen und seinen Affekten auf die Gerechtigkeit aus ist und dem Guten, der Liebe dient, erst wo er das, was in ihm als Anlage schlummert vollzieht und auszubilden beginnt, da wird das Bild Gottes schrittweise in ihm real. Erst jetzt wird offenbar, daß der Mensch zutiefst von einem Unbedingten in Anspruch genommen ist, das Wahrheit, Gerechtigkeit, Liebe und Hoffnung ausstrahlt. Da nimmt die Lebensbewegung des Menschen eine Form und Gestalt an, die über alles Endliche, über das Vorliegende, das „Dieses“ und „Jenes“, den eigenen Nutzen und Vorteil, die genaue Erkenntnis von irgendwelchen Dingen weit hinaus zielt. Da wird der Mensch zum Zeugen von etwas, das größer ist als er selbst. Zugleich – das ist eine beglückende Erfahrung – findet der Mensch so zu sich selbst.

Auf der Linie dieses Gedankens haben die mittelalterlichen Theologen Jesus Christus als das vollendete Bild Gottes bezeichnet. In seinem Umgang mit den Menschen strahlte die abgrundtiefe Güte auf. In seinem Denken und Tun offenbarte sich vorbehaltlose Wahrhaftigkeit, so daß es im Johannesevangelium heißt: „Die Gnade und die Wahrheit kamen durch Jesus Christus“ (Johannes 1, 17).

Edith Stein

„Darum darf die Seele Trockenheit und Dunkelheit als glückliche Anzeichen ansehen. Gott führt sie wie einen Blinden auf dunklen Wegen ... Dabei macht sie große Fortschritte, ohne es selbst zu vermuten." (aus: *Kreuzeswissenschaft*)

All dies meint nichts Theoretisches, Abstraktes. Jesus war ein Mensch seiner Zeit und lebte in tausend alltäglichen Situationen. Aber wie er mit diesen Situationen jeweils umging, wie er den Menschen begegnete, wie er sich um die Schwiegermutter des Petrus kümmerte oder wie er die Kinder, die vor ihm standen, segnete, wie er die weinenden Frauen auf seinem Weg nach Golgatha tröstete, wie er der Wahrheit – vor dem Synedrion stehend – Zeugnis gab und dafür in den Tod ging, das war Vollzug vollendeten Menschseins. Da wurde deutlich, was der Mensch ist: Bild Gottes. Der Mensch ist in aller Radikalität für Gott bestimmt.
Der Hauptmann unter dem Kreuz, von dem Markus berichtet, hat dies in die Worte gefaßt: „Wahrhaftig, dieser Mensch war Gottes Sohn" (Markus 15, 39).
Wie diesem Hauptmann, so ist es später vielen gegangen, Männern und Frauen. Sie haben die Berichte über sein Leben und Sterben, über seine Erhöhung zum Vater gelesen. Dann hat es sie gepackt, weil sie plötzlich erkannten, was es bedeutet, im Angesicht des lebendigen Gottes zu leben. Franziskus von Assisi ist es so gegangen. Seiner Freundin Klara ebenso. Ignatius von Loyola hat es auf diese Weise erfahren und viele andere.
Oftmals läuft diese Begegnung mit Gott auch so, daß man Zeitgenossen begegnet, die „anders" sind: Menschen, die großzügig sind, die nicht einfach Vorteile zum Schaden des anderen ausnutzen. Lernt man sie näher kennen, dann merkt man, daß sie beten, Gewissenserforschung halten, daß sie in der Bibel lesen. Dann mag es sein, daß man hier plötzlich entdeckt, was es heißt, an Gott zu glauben. Dann spürt man, wer Gott ist, daß Gott etwas bedeutet, daß er Menschen führt.
Die großen Bekehrungen in unserem Jahrhundert sind alle so verlaufen. Edith Stein war liberale Jüdin, leidenschaftliche Philosophin, Assistentin bei Edmund Husserl, einem der bedeutendsten Denker unseres Jahrhunderts. Edith Stein war eine Suchende. Bei Hedwig Conrad Martius, einer Freundin, wo sie zu Besuch weilt, entdeckt sie am Abend die Lebensgeschichte der Teresa von Avila. Sie liest die ganze Nacht hindurch den packenden Lebensbericht dieser großen Christin. Am Morgen ist Edith Stein umgewandelt. Sie ist auf einmal jemand, der an Gott glaubt. Gott ist ihr aufgegangen. Ganz ähnlich geht es Paul Claudel, Jacques und Raissa Maritain und anderen großen Christen unseres Jahrhunderts. Sie alle, Sucher der Wahrheit und der Gerechtigkeit, entdecken Gott im Spiegel anderer Menschen.

Und im Grunde genommen geht es jedem so, der Christ ist. Ohne, daß wir bei unseren Eltern, bei Freunden oder Bekannten, bei einem Geistlichen oder einer Ordensschwester, bei irgendeinem engagierten Christen und in der Jugendgruppe oder in der Gemeinde erlebt hätten, was Glauben an Gott meint, wäre wohl niemand von uns gläubig.

Halten wir einen Moment inne, um nachzudenken, warum dies so ist. Ist ein solches Entdecken Gottes im anderen Menschen lediglich ein blindes Nachbeten dessen, was andere sagen? Ist es lediglich eine subjektive Identifikation mit einem „Überich"? Nein! Hier handelt es sich wirklich um eine Erfahrung, allerdings eine Erfahrung eigener Art. Wir machen unsere Erfahrungen mit Menschen, denen wir begegnen und die uns so oder so behandeln. Wir kennen die Schwächen, die wir selbst mit uns herumtragen. Wir sind oft genug auf sie gestoßen. In allen diesen Erfahrungen geht uns *irgend etwas* auf. Wir vermögen es auf Grund der Erfahrungen, die wir mit dem betreffenden Sachverhalt oder der jeweiligen Person gemacht haben, in größere Sinnzusammenhänge einzuordnen. Die Erfahrung, die hier mit Gott gemacht wird, ist anderer Art. Es ist *nicht irgendeine* Erfahrung. Es geht nicht um *etwas*, hier dreht sich *alles* um *den Sinn meines Lebens schlechthin.* Es geht um die letzte Orientierung. Wenn es Gott wirklich gibt, dann hat ja *alles* ein anderes Aussehen. Dann stehe ich in einer Verantwortung, die nicht abschüttelbar ist. Dann befinde ich mich in jeder Situation zusammen mit ihm. Dann bin ich nie alleine. Dann begegnet er mir aber auch in jedem anderen Menschen. Gott kann nur erfahren werden, wenn er als die *alles bestimmende Wirklichkeit* aufgeht. Alles übrige wäre ein Zerrbild Gottes. Es wäre lediglich ein Götzenbild. Wo aber kann Gott so aufgehen, wenn nicht in einem Menschen, dem ich begegne und der seinen Lebenssinn in Gott gefunden hat? Erst hier zeigt sich ja, wer er ist und wie er ist. Ich kann es am Verhalten und am Leben dieses Zeugen Gottes ablesen. Er wird mir zum Bild Gottes. Er agiert und reagiert ja so, daß Gott in allem seinem Tun und Lassen eine entscheidende Rolle spielt. So begegnet mir im anderen Menschen Gott, aber gleichsam wie im Negativ. Ich erkenne im gesamthaften Verhalten und Dasein des glaubenden Menschen den alles übersteigenden, verborgenen Sinn und die Bedeutung Gottes.

Gerade in solcher Erfahrung aber fühle ich mich selbst herausgerufen. Der Lebenssinn, den ich selbst anstrebe, steht mir vor Augen. Ist das nicht im Grunde etwas Schales, vielleicht Oberflächliches, Kurzfristiges, was ich mir jeweils als Ziel setze? Geht es im Leben nicht eigentlich um viel mehr? Ich beginne, meine eigene Lebensausrichtung mit dem zu vergleichen, was mir im anderen begegnet. In solchem Nachdenken und Abwägen – dem muß man sich natürlich öffnen, sonst passiert gar nichts – mag manch einer ein vielleicht seltsames Gebet formulieren: „Gott, wenn es Dich gibt, dann laß mich Dich erkennen!“ Ist das ein Gebet? Wir wissen es nicht. Es ist wie ein Seufzer, aber er ist ernst gemeint. In solch einer Lage kann sich plötzlich ein Durchbruch vollziehen. Ich merke auf einmal: Ja, das ist die Wahrheit. Ich habe zwar immer noch Angst davor. Sie ist mir unvertraut. Und doch weiß ich: Davon kommst du nicht mehr los. Das ist auch nicht unvernünftig. Das gibt vielmehr allem, was ich bisher gemacht und gedacht habe, das gibt meinem Wollen und Verlangen eine andere Basis. Das ist ein Ja, in dem die Wahrheit meines Lebens steckt. Nicht irgend etwas ist mir hier aufgegangen, sondern der lebendige Gott, der über allem, auch über mein Denken und Wollen hinaus ist. Solch eine Erfahrung der Umkehr hin zum lebendigen Gott kann sich in einem Moment vollziehen. Es kann aber auch eine längere Zeit beanspruchen, in dem diese Wahrheit sich gleichsam innerlich immer deutlicher herausstellt. Eines Tages, wenn ich darüber nachdenke, sage ich mir dann: „Nein, im Ernst kannst du nicht mehr behaupten, daß du nicht an Gott glaubst. Nun ziehe auch die Konsequenzen daraus.“

Zu diesen Konsequenzen gehört nicht nur eine entsprechende sittliche Orientierung, die Suche nach einem entsprechenden Lebensstil. Es kann für zahlreiche Menschen in unserer Zeit auch darum gehen: Welches Gotteszeugnis soll ich annehmen? Charles de Foucauld etwa, einer der großen Christen unserer Zeit, hatte, als Jude verkleidet, am Beginn des 20. Jahrhunderts Marokko bereist und geographisch vermessen. Marokko war damals noch ein völlig verschlossenes Land. Nach Paris zurückgekehrt arbeitete Charles de Foucauld an der Publikation seiner Forschungsergebnisse. Tiefer aber noch trieb ihn die Frage nach Gott um. Islam und Koran hatte er gründlich studiert, um in Marokko leben zu können. Ebenso hatte er sich einläßlich mit dem Judentum beschäftigt. Er durfte bei seiner Reise als vorgeblicher Jude ja nicht entdeckt werden. Nur als orientalischer Jude genoß er eine relative Sicherheit. Seinen ursprünglichen christlichen Glauben hatte er als junger Offizier über Bord geworfen. Er begegnete ihm jetzt – nach den Abenteuern in Marokko – neu in seiner Cousine, Madame de Bondy. Wohin sollte er sich wenden?

In solch einer Entscheidungssituation vollzieht sich im Grunde nochmals der gleiche Prozeß, wie wir ihn oben geschildert haben. Man kann eine

Entscheidung nicht einfach aufgrund von äußerlichen Argumenten her treffen. Sie spielen eine Rolle, aber sie können nicht alleine ausreichend sein. Es handelt sich ja um eine Glaubensentscheidung. Das bedeutet: Man muß sich fragen, was dieses oder jenes Glaubenszeugnis für mein Leben und Sterben meint. Erst wo ich mich selbst in die Frage einbringe und die unterschiedlichen Glaubenszeugnisse in vollem Ernst an mich heranlasse, da wird mir auch aufgehen können, wohin die Wahrheit des Glaubens mich führt. Da entdecke ich Unterschiede, auf die ich vorher gar nicht gestoßen bin. Religion ist nicht gleich Religion. Jeder ist zwar in seinem Glauben zu respektieren. Niemand darf zu einem Glauben gezwungen oder einfach durch äußerliche Mittel verpflichtet werden. Religionsfreiheit und Respekt vor dem Menschen anderen Glaubens meint aber nicht, daß die verschiedenen Glaubensbekenntnisse inhaltlich gleich wären. Solche Differenzen kann man benennen. Die persönlichen oder gesellschaftlichen Konsequenzen und Auswirkungen dieses oder jenes Glaubens kann man bestimmen. Man muß sich über solche Auswirkungen klar werden, denn man muß seinen Glauben an Gott mit seinem Leben bezeugen können. Sonst ist es kein Glaube, sondern eine Konvention, die man sich nur äußerlich angeeignet hat.

Aus dem Weg zu Gott, wie wir ihn skizziert haben, ergibt sich eine Einsicht in die Frage, warum Gott in Europa heute vielen Menschen fremd ist. Dies hängt offenbar mit der gewandelten kulturellen und gesellschaftlichen Lage zusammen. Blickt man in der europäischen Geschichte zurück, so ergibt sich ein Bild von der religiösen Situation, das sich erheblich von unserer Situation abhebt. Nachdem das Christentum sich zunächst unter dem Deckmantel des Judentums ausgebreitet hatte – es galt als jüdische Sekte und genoß darum die Duldung des römischen Imperiums – wurden Christen phasenweise immer wieder verfolgt. Man warf ihnen Gottlosigkeit vor, weil sie die öffentlichen Riten zurückwiesen. Ihre starke Ausbreitung führte schließlich unter Kaiser Konstantin zu einer offiziellen Anerkennung. Unter einem seiner Nachfolger wurde der christliche Glaube zur Staatsreligion gemacht. Diese Verquickung von Glauben und Staatsräson, Kirche und Reich blieb in ganz Europa bis zur französischen Revolution erhalten. Zwar brachte die Reformation eine Spaltung der Kirche mit sich. Die einzelnen europäischen Länder waren von jetzt ab entweder katholisch oder evangelisch. Öffentliche Ordnung und Glauben aber waren und blieben verschmolzen. Zwar gab es gewisse Toleranzregeln für die Behandlung von Andersgläubigen in den konfessionell bestimmten Staaten. Das änderte aber nichts an der Tatsache einer grundsätzlichen Einheit des religiösen und kulturell-gesellschaftlichen Lebens, sowie der staatlichen und kirchlichen Autoritätsausübung.

Was sind die Folgen für den Glauben, die aus einer solchen Situation resultieren? Man kann sie sich verdeutlichen, wenn man sich zunächst die Lage in bezug auf das reale Freiheitsniveau in einer solchen Gesellschaft klar macht. Die mittelalterliche Philosophie und Theologie erkannte den Menschen als freies Wesen an. Dies galt grundsätzlich und bedeutete einen erheblichen Fortschritt gegenüber der griechischen oder römischen Kultur mit ihrem auch theoretisch sanktionierten Sklavensystem. Mit dem realen Freiheitsniveau war es eine andere Sache. Welche Dinge, welche Sachverhalte waren dem einzelnen Bürger, seinem Selbstbestimmungsrecht und seiner Verantwortung anheim gegeben? Die ständisch, d. h. feudal gegliederten, konfessionellen Staaten Europas besaßen – im Vergleich mit der heutigen Situation – ein niedriges Freiheitsniveau. Im Vergleich mit nicht-christlichen Feudalstaaten schnitten sie besser ab. Aber das steht jetzt hier nicht zur Debatte.

Die ständisch organisierte Gesellschaft bannte den einzelnen in eine bestimmte gesellschaftliche Stellung, aus der er selbst oder seine Kinder nicht ausbrechen konnten. Die Hörigen blieben Hörige, die Handwerker blieben Handwerker. Die Berufswahl der Kinder war durch den Zunftzwang beeinträchtigt. Entsprechend der ständischen Zugehörigkeit hatte man sich zu kleiden. Bauern war eine andere Tracht verordnet als Bürgern. Die gesellschaftliche An- und Einpassung war ein Lebensprinzip einer solchen Gesellschaft. Eine entsprechende Autortätsausübung der staatlichen und kirchlichen Autorität war selbstverständlich.

Was bedeutet eine solche Lebenssituation für den Glauben an Gott? Positiv ist zunächst zu vermerken, daß die Menschen eines solchen konfessionellen Staates einem Zeugnis von Gott – anscheinend – überall begegneten. Alles trug diesen Stempel, das ganze öffentliche wie das so stark in diese Öffentlichkeit integrierte private Leben. Daraus folgte aber auch – und dies ist die negative Seite einer solchen Situation im Bezug auf den Glauben – daß kulturelle Konvention, äußere Gegebenheit und Glaube an den lebendigen Gott in vielfacher Hinsicht nahezu nicht unterscheidbar waren. Wo der Glaube zugleich die staatsbürgerliche Gesinnung ist, wo der Kirchgang durch die öffentliche Ordnung festgelegt und sanktioniert ist, es zu Taufe und christlicher Eheschließung keine

Alternative gibt, da ist die Differenz zwischen Glaube und Kulturchristentum kaum zu ziehen. In einer solchen Situation sprechen alle von Gott, ohne daß deutlich wird: Handelt es sich um eine kulturelle Idee oder um den lebendigen Gott?

Diese Feststellung bedeutet nun freilich nicht, daß es in jenen langen Zeitläuften keine gläubigen Menschen gegeben habe. Keineswegs. Es bedeutete aber wohl, daß sich Umkehr und Bekehrung zu Gott in einem christlichen Milieu vollzogen. Alle wuchsen – fast ohne Ausnahme – in einer christlich geprägten Umwelt auf. Christlicher Glaube und das Reden von Gott war ihnen selbstverständlich. Aber was Glauben bedeutet, das ging ihnen erst in einer plötzlichen Umkehr auf oder im Verlauf eines Lebens in kleinen, fast unmerkbaren Schritten. Die Biographien der großen Heiligen belegen dies ebenso wie frühneuzeitliche Romane und Erzählungen.

Verlebendigt man sich diese Situation der früheren Jahrhunderte, so springt der Unterschied mit unserer gegenwärtigen Situation in die Augen. Mit der Abschaffung des Dreiklassenwahlrechtes und der Aufhebung des Zunftzwanges im vergangenen Jahrhundert wurde das Alter für die Religionsmündigkeit auf vierzehn Jahre festgesetzt. Bereits mit zwölf Jahren können Eltern ihre Kinder nicht mehr ohne deren Einverständnis in eine andere Konfession oder Religion einschreiben lassen. Die Selbstbestimmung in Sachen der Religion ist jener Bereich persönlicher Freiheitsrechte, die der moderne Mensch eigenverantwortlich zuerst wahrnehmen kann. Es spricht sich hier die hohe Achtung der modernen Gesellschaft für diese grundlegenden Lebensentscheidungen aus.

Der Zuwachs realer Freiheit – der zum Teil gegen die am Alten hängenden Vorstellungen und gesetzlichen Regelungen der Kirche durchgesetzt werden mußte – führte im 19. und in der ersten Hälfte des 20. Jahrhunderts in unseren Breiten noch nicht zu großen, sichtbaren Veränderungen der religiösen Lage. Das hing unter anderem damit zusammen, daß die religiöse Sozialisierung der Jugendlichen in Elternhaus, kirchlicher Gemeinde und Schule noch vielfach den alten Mustern folgte. Diese kulturelle Lage hat sich grundlegend geändert. Die Entwicklung der Medien hat dazu geführt, daß sie heute einer der am stärksten wirksamen Faktoren bei der Bildung und der Gestaltung der Weltsicht der jungen Leute sind. Die Pluralität menschlicher Weltanschauungen und Lebensoptionen wird ständig präsent gehalten. Die Technik und die Globalisierung der Märkte, Tourismus und Migrationsströme in einem kaum gekannten Ausmaß führen ständig zu Durchmischungen des Lebensmilieus. Religionen und Weltanschauungen aller Art gibt es in unserer unmittelbaren Nachbarschaft.

Modernes Leben verpflichtet den Menschen dazu, ständig in den unterschiedlichsten Dimensionen des Lebens und im Bezug auf die verschiedensten Fragen auszuwählen. Alle diese Wahlvorgänge haben erhebliche Konsequenzen. Man muß sich in der Unübersichtlichkeit des Lebens gründlich zu informieren trachten, sonst gerät man unter die Räder. Hinzu kommt die ungeheure Geschwindigkeit großer Umwälzungsprozesse. Dies betrifft nicht nur die Technik. In Europa sind allein nach 1989 etwa 20 neue Staaten entstanden. Wie Europa in zehn Jahren aussehen wird, weiß heute niemand zu sagen. Die Einführung des Euro kann ein politisches Zusammenwachsen Europas bewirken mit ganz neuen politischen Institutionen, die die bisherigen nationalen Einrichtungen ablösen oder weitgehend entmachten werden. Es kann auch – was niemand zu denken wagt – zu großen wirtschaftlichen und gesellschaftlichen Krisen kommen, unter anderem dadurch, daß niemand über Erfahrung verfügt, wie mit der Zentralisierung des Geldes und den damit entfallenden nationalen Steuerungsmöglichkeiten etwa soziale Krisen gemanagt werden sollen.

Alle diese Züge unseres Lebens lösen mit ihrer hohen Mobilität nicht nur die bisherigen, relativ festgefügten religiösen Milieus auf. Sie bewirken auch, daß das Leben für die meisten Menschen höchst anstrengend wird. Diese Lage führt viele Menschen dazu, sich ganz auf das „Hier und Jetzt“ zu konzentrieren. In der zuvor bereits zitierten Europäischen Wertestudie haben die Autoren den Befragten unter anderen Fragen auch Sätze vorgelegt, die nach dem Sinn des Lebens fragen. Sie stellten fest, „daß unter den Lebenssinnsätzen die Position ‘Der Sinn des Lebens ist, zu versuchen, das Beste dabei herauszuholen’ und ‘wenn man sein Leben gelebt hat, ist der Tod der natürliche Ruhepunkt’ in allen europäischen Ländern des Westens und des Ostens eine sehr hohe Zustimmung finden“ (Paul M. Zulehner, Hermann Denz, Wie Europa lebt und glaubt. Europäische Wertestudie, Düsseldorf 1993, Band 1, 241 f.).

Den Menschen erwächst aus dieser Diesseits-Konzentration eine hohe „Lebensanstrengung.“ Wenn 18 Prozent der Europäer an eine Reinkarnation glauben (vgl. a.a.O. 74 f.), so bekräftigt dies diese Sicht der Wirklichkeit, denn im Unterschied zur asiatischen Reinkarnationslehre

hoffen die europäischen Reinkarnationsgläubigen, in dieses Dasein zurückkehren zu können.
Darüber hinaus führen die starke Fixierung auf die Diesseitigkeit und die hohe Glückserwartung nachweislich zu Desolidarisierungseffekten. „Wer in seinem kurzen Leben hohe Glücksansprüche einlösen will, wird mehr auf sein eigenes Glück denn auf jenes der Menschen neben sich achten müssen. Die Angst, in seinem Streben nach unbezogener Selbstverwirklichung zu kurz zu kommen, scheint charakteristisch zu sein für die angestrengten Diesseitskulturen" (A.a.O. 242).

Wie ist die so skizzierte Lage im Blick auf die Zukunft des Gottesglaubens zu bewerten? Dazu eine erste Feststellung: *Religion ist auch in Europa nicht ausrottbar*. Ich erinnere mich an ein Gespräch ein Jahr vor dem Massaker auf dem Platz des Himmlischen Friedens in der Akademie der Sozialwissenschaften in Peking. Der Vizepräsident sprach mir von dem Lexikon der Religionen, das in dieser höchsten akademischen Einrichtung der Volksrepublik China erarbeitet worden war. Er erklärte dazu, man habe – durch geschichtliche Evidenz – eingesehen, daß die Prognose von Marx über das Verschwinden der Religion durch die Wissenschaft und die kommunistische Modernisierung der Gesellschaft nicht stimme. Dieser geschichtliche Befund ruht auf einem sehr soliden philosophischen Argument auf: Die Erfahrung der Endlichkeit der Realität, der Grenzen des Denkens und der menschlichen Gestaltungskraft dürfte in der Moderne nie so deutlich gewesen sein wie heute. Diese Erfahrungen der Endlichkeit stellen für viele, insbesondere junge Menschen eine sehr ernsthafte Versuchung zum Nihilismus dar.
Daß die Versuchung zum Hochmut und zur Hybris eine reale Versuchung in der Moderne war, kann niemand bestreiten. Daß dies in der Spätphase der Moderne noch der Fall sei, – wie manche auch kirchliche Stellungnahmen glauben machen wollen, – ist eine Gedankenlosigkeit. Die moderne Wissenschaft und Technik ist gerade durch ein höchst geschärftes methodologisches Bewußtsein geprägt.
Daraus folgt, daß die Frage nach dem Sinn, nach der Bewandtnis des Ganzen sich aufdrängt und eine orientierende Antwort verlangt. Der Mensch muß sich ja in allen seinen Situationen jeweils irgendwie zum Ganzen verhalten. Auch ein Ausweichen ist – wenngleich verdeckt – ein solches Verhalten. Die Option für den Nihilismus, für die Verzweiflung wird faktisch von wenigen getroffen. Dabei ist zu berücksichtigen, daß

dieser Nihilismus und die Verzweiflung sehr unterschiedliche, auch gleichsam unauffällige Gestalten annehmen kann. Nietzsche spricht vom großen und von den kleinen Nihilismen, Kierkegaard hat eine subtile Analyse der unterschiedlichsten Formen der Verzweiflung vorgelegt. Die Flucht ins Nächstliegende, die Verschleierung tragen den Stachel des Ungenügens und des Vorübergehenden, der Schalheit in sich.

Religion ist – angesichts dieser menschlichen Grunderfahrung – die Umkehr: die Annahme dieses menschlichen und endlichen Daseins wie der Realität im Ganzen aus einem unvordenklichen Abgrund, der sich in den von Menschen in den unterschiedlichsten Situationen gemachten Erfahrungen eines „Winkens" von Sinn ankündigt. Die Religionen haben diese Erfahrungen eines heiligen und zugleich entzogenen Urgrundes in unterschiedliche Sprach- und Vollzugsformen gebracht.

In diesem Sinne wird es im Europa der Zukunft – dessen bin ich gewiß – eine kleinere Gruppe von erklärten Atheisten oder genauer: von Nihilisten geben. Ich möchte der Genauigkeit halber lieber von Nihilisten sprechen, da in der Gruppe der Atheisten – aufgrund der europäischen Tradition – Menschen zu finden sind, die an einem transzendentalen, utopischen Humanismus festhalten, der – wie etwa bei Bloch – durchaus religiöse Züge trägt. Der Gläubige fragt sich hier allerdings nach der Triftigkeit einer solchen Position.

Von den Nihilisten ist eine zweite Gruppe zu unterscheiden, die einer wie immer beschaffenen Religiosität anhängt. Nicht zu Unrecht spricht Odo Marquardt von einem in Europa wieder auftauchen „Polytheismus" moderner Art, einem Vielgötterglauben, der die Wirklichkeit von einem diffusen „Göttlichen" her auslegt. Man wird dieser zweiten Kategorie jene Menschen zurechnen können, die auf die Fragen der Wertestudie die Auskunft gaben, sie wüßten nicht richtig, was sie glauben sollten und jene andere Gruppe, die an irgendein höheres Wesen – welcher Art auch immer – glaubt. Diese zweite Gruppe hat ihre geschichtliche Entsprechung durchaus im antiken römischen oder hellenistischen Heidentum. Angesichts des gesellschaftlichen Trends, fest geprägte religiöse Überzeugungen – wie das christliche Credo – nicht mehr für wichtig zu halten und zu überliefern, bedarf es keiner prophetischen Gabe, um den europäischen Ländern eine in unterschiedlicher Intensität erfolgende Ausbreitung eines modernen Heidentums vorherzusagen. Es ist selbstverständlich, daß sich damit auch die Konturen der öffentlichen Sittlich-

keit ändern werden. Wer sich einem personalen Gott verantwortlich weiß, verhält sich anders als jemand, für den das nicht gilt.
Schließlich wird es eine Gruppe von Menschen geben, die am Glauben an den einen Gott festhalten. Dabei werden sich Muslime und Christen erheblich unterscheiden, denn Monotheismus ist nicht gleich Monotheismus. Schelling hat zwischen abstraktem und konkretem Monotheismus unterschieden. Unter abstraktem Monotheismus versteht er eine Religion, die von einem Gott ausgeht, der die Welt und den Menschen gesetzt und ihm damit zugleich ein Gesetz als Norm mitgegeben hat. Die Beziehung des Menschen zu Gott, vor allem aber die Beziehung Gottes zum Menschen werden nur in einer abstrakten Weise als Freiheitsgeschehen gesehen. Dieser Typus des Monotheismus bedenkt nicht, daß Gott, wenn er wahrhaft frei etwas Kontingentes, das auch nicht sein kann, schafft, er sich zu diesem Schaffen entschließen muß, daß er gleichsam eine Absicht damit verbinden muß. Man hat also in Gott so etwas wie eine unausdenkliche, schöpferische Innerlichkeit, ein vordenkliches Freiheitsgeschehen zu denken. Aus solcher Innerlichkeit Gottes aber ergibt sich, daß Gott in Beziehung zum Menschen zu sehen ist. Der Mensch aber bestimmt sich frei. So ist die Geschichte Gottes und des Menschen als Freiheitsgeschehen zu denken.
Schelling hat hier die Erfahrung Israels und des Christentums religionsphilosophisch zu fassen gesucht. Israel erfährt von seinen Anfängen an Jahwe als den Gott der personalen Zuwendung, der auf eine unbedingte Weise an Israel festhält. Es ist der Bundesgott, der mit Israel durch alle Stunden der Geschichte mitgeht und dem nichts an Israels Geschichte gleichgültig ist. Christlicher Glaube stellt sich – von dieser Zugangsweise aus – als Vollendung des alttestamentlichen Erschließungs- und Mitteilungsgeschehens Gottes dar. In Jesus Christus wird offenbar, wie Gott auch den Sünder, auch den Heiden, d. h. den konkreten Menschen in dieser Geschichte in einer unbedingten Weise bejaht. Von daher wird verständlich, wie auf dem Boden des Christentums ein Freiheits- und Verantwortungsethos erwachsen konnte, eine Freiheit in der Gestaltung der Welt, die nicht vom Gesetz, sondern vom Geist bestimmt ist.
Der Weg zur Entdeckung dieses lebendigen Gottes aber führt allemal über die Begegnung mit Menschen, die vom Glauben an den Gott und Vater Jesu Christi zutiefst geprägt sind.

Der anonyme Gott

Das Problem der Gotteserfahrung heute

von Gerhard Ludwig Müller

Der abwesende Gott. Nietzsches Wort ‘Gott ist tot’ interpretierte der Philosoph Martin Heidegger (1889-1976) so: „Das Wort ‘Gott ist tot’ bedeutet: die übersinnliche Welt ist ohne wirkende Kraft. Sie spendet kein Leben“. Und er fährt fort: „Was vormals in der Weise von Ziel und Maß das Menschenwesen bedingte und bestimmte, hat seine unbedingte und unmittelbare und vor allem überallhin unfehlbar wirksame Wirkungsmacht eingebüßt. Jene übersinnliche Welt der Ziele und Maße erweckt und trägt das Leben nicht mehr. Jene Welt ist selbst leblos geworden: tot. Christlicher Glaube wird da und dort sein. Aber die in solcher Welt waltende Liebe ist nicht mehr das wirkend-wirksame Prinzip dessen, was jetzt geschieht. Der übersinnliche Grund der übersinnlichen Welt ist, als die wirksame Wirklichkeit alles Wirklichen gedacht, unwirklich geworden. Das ist der metaphysische Sinn des metaphysisch gedachten Wortes ‘Gott ist tot.’“ (Martin Heidegger, Holzwege, Frankfurt ^{5}1972, 193-247, hier 200, 234).

Man braucht kein versierter Kenner der abendländischen Philosophie- und Religionsgeschichte zu sein, um zu erkennen, daß Heideggers Analyse die geistige Situation der europäisch-westlichen Gesellschaften und die Mentalität des überwiegenden Teils ihrer Bevölkerung im allgemeinen zutreffend wiedergibt.

Auch wer sich nicht gerade für die Leugnung der Existenz Gottes ereifert oder sie – etwas vorsichtiger – für ein nicht zu enträtselndes Geheimnis hält, wird doch eher geneigt sein, Gott für einen Grenzfall menschlichen Denkens zu halten. Das Wort Gott ist mehr eine Chiffre für eine vage Hoffnung auf eine letzte Geborgenheit als die alles bestimmende Wirklichkeit, vor der sich sein endgültiges Gelingen oder Scheitern entscheidet, die letzte und zuverlässige Instanz, die ihm auch im Untergang des Sterbens die Identität seiner Person und ihrer berechtigten Ansprüche auf Sinn und Liebe garantiert, weil Gott sich in seinem Personsein dem Menschen zugeneigt hat.

Beruhte die Evidenz des christlichen Glaubens seit seinen Anfängen im alten Israel und zu Zeiten seiner gesellschaftlichen Dominanz im Mittelalter und der Neuzeit bis weit ins 18. Jahrhundert hinein auf der philosophisch-weltanschaulichen Grundüberzeugung, daß die endliche Welt nur Grund und Bestand, Sinn und Ziel hat, weil sie auf dem Fundament der übersinnlichen und notwendigen Wirklichkeit des Göttlichen sicher aufruht, so besteht der Grund seiner heute offenkundig abnehmenden Akzeptanz und Attraktivität in der Umkehrung des Begründungs- und Bedingungsverhältnisses. Der moderne Mensch, wenn wir den idealen Repräsentanten des herrschenden Lebensgefühls einmal so nennen wollen, ist von der Tragfähigkeit der Philosophien der Diesseitigkeit, des Positivismus, der alles an der empirischen Überprüfbarkeit des Materiellen mißt und an der Funktionsfähigkeit des technisch-ökonomischen Systems, letztendlich des Vorrangs der Materie vor dem Geist absolut überzeugt, während er die Erkenntnis Gottes und der zum Wesen des Menschen gehörenden Verwiesenheit auf die Transzendenz für relativ und bedingt erachtet.

Diese Relativierung des Absoluten und die Verabsolutierung der menschlichen Existenz in der materiellen und zeitlichen Welt, hat der Philosoph *Georg Wilhelm Friedrich Hegel* (1770-1831) zu Beginn des 19. Jahrhunderts einmal so umschrieben: „Es hat eine Zeit gegeben, wo alle Wissenschaft eine Wissenschaft von Gott gewesen ist; unsere Zeit dagegen hat das Ausgezeichnete (d.h. das Charakteristikum) von allem und jedem, und zwar von einer unendlichen Menge von Gegenständen zu wissen, nur nichts von Gott“ (G. F. W. Hegel, Glauben und Wissen, 1802 = Philosophische Bibliothek Band 62b, Hamburg 1962).

Der Mensch findet sich vor in einer Welt des geschlossenen Diesseits, dem er nicht entrinnen kann und in dem er sich häuslich einrichtet. Er lebt beruhigt in seiner Endlichkeit oder hält seine Todgeweihtheit heroisch aus. Die Rede von Gott gerät in Verdacht, einem überholten Weltbild anzugehören. Als Arbeitshypothese zur wissenschaftlichen Erklärung von Natur und Geschichte und als Legitimationsinstanz politischer Macht ist Gott seit dem 18. Jahrhundert zunehmend überflüssig geworden. *Laplace* erklärte dem Kaiser Napoleon gegenüber, daß er in seinem lückenlosen System der Welterklärung auf die Hypothese Gott leicht verzichten könne. In der Religionskritik des 19. und 20. Jahrhunderts wird die Gottesfrage als Produkt eines falschen Bewußtseins entlarvt, sei es als Erfindung einer herrschsüchtigen Priesterkaste, oder sei es als

Projektion des Idealbildes des Menschen von sich selbst auf ein fingiertes höheres Wesen, das von unaufgeklärten Menschen wie das eigene Spiegelbild für ein real existierendes Wesen gehalten wird (*Ludwig Feuerbach*). Dieser Gott, den man sich wie ein nach menschlichen Maßstäben entworfenes jenseitiges Superwesen vorstellt, ist aber nur der himmlische Doppelgänger des Menschen, meint *Friedrich Nietzsche*. Nach *Karl Marx* wird die Religion mit ihrer Vorstellung von einem jenseitigen Schöpfergott und Weltenlenker aus dem sozialen Elend geboren und von den herrschenden Klassen zur Stabilisierung der Ausbeutungsstrukturen instrumentalisiert. Für *Sigmund Freud* kam die Gottesvorstellung in die Welt, als der primitive Mensch – ratlos vor den Naturphänomenen Donner und Blitz – die bedrohlichen und förderlichen Aspekte der eigenen Vatererfahrung ins Jenseits hineinverlängerte und sich so die Figur des teils autoritären, teils liebenden „Gottvater" erschuf.

Einige Vertreter der evolutionsbiologischen Erkenntnistheorie wie etwa *Franz Wuketits* erklären sich die Geburt der Gottesidee im menschlichen Bewußtsein ganz naiv materialistisch als Selektionsvorteil im Kampf der Individuen und biologischen Spezies ums Überleben. Wenn alle menschlichen Begriffe und Ideen durch Gehirnströme verursacht seien, so sei auch die Idee der Existenz Gottes das Resultat eines Zusammenwirkens von materiellen Faktoren. Bei der hier zugrundeliegenden materialistischen Erkenntnistheorie, die das geistige Subjektsein auf die materiellen Bedingungen seines Vollzugs reduziert, wird aber wie in allen monistischen Systemen nicht bedacht, daß bei der Behauptung, auch der Geist sei nichts anderes als Materie, das Subjekt der Erkenntnis schon zum Verschwinden gebracht worden ist, bevor ihm erklärt werden konnte, was Materie überhaupt ist und wie sie den Geist mit seinen Begriffen und Ideen als ihre höheren Aggregatszustände überhaupt hervorbringt. Denn der Satz „Alles ist Materie" hat gar keinen angebbaren Sinn, weil das ontologische Anderssein des Geistes die Voraussetzung für eine Wesensaussage über die Materie ist.

Einen großen Einfluß hatte in dem nun zu Ende gehenden 20. Jahrhundert auch der sogenannte postulatorische Atheismus etwa *Jean-Paul Sartre*s. Um sich von allen ideologischen und gesellschaftlichen Vorgaben zu emanzipieren, die die freie Selbsterschaffung des Menschen einschränken, müsse die Existenz Gottes als Legitimationsinstanz des Bestehenden bestritten werden.

Dietrich Bonhoeffer

„Unser Verhältnis zu Gott ist kein 'religiöses' zu einem denkbar höchsten, mächtigsten, besten Wesen ... sondern unser Verhältnis zu Gott ist ein neues Leben im 'Dasein-für-andere' ... Nicht die unendlichen, unerreichbaren Aufgaben, sondern der jeweils gegebene erreichbare Nächste ist das Transzendente." (aus: *Widerstand und Ergebung*)

Auf dieser Linie liegt sicher auch ein postulatorischer Skeptizismus. Grundlage ist das Axiom „Das Unendliche kann sich nicht im Endlichen darstellen“, d.h. der menschliche Geist ist prinzipiell unfähig, Gottes Wort und Willen adäquat aufzunehmen und darzubieten. Damit wäre dem Wahrheitsanspruch des kirchlichen Glaubensbekenntnisses der Boden entzogen. Wer nicht mit den oft für unerträglich gehaltenen kirchlichen Glaubensinhalten und ethischen Anforderungen konfrontiert werden will, muß zu Gottes Existenz als Person oder zumindest zu seiner biblisch bezeugten Selbstoffenbarung im Wort, das an den Menschen gerichtet ist, skeptische Distanz halten.

Im Rückgriff auf pantheistische Traditionen der europäischen Philosophie wird die religiöse und intellektuelle Überlegenheit eines apersonalen Gottgrundes der Welt vor dem personalen Gott der jüdisch-christlichen Tradition behauptet. Gott ist gemäß der Formel „Deus sive natura“ des Philosophen *Baruch de Spinoza* (1632-1677) dann nur ein anderes Wort für das Ganze der Natur in der Vielfalt ihrer Erscheinungen. Gott ist nur der personifiziert gedachte unerschöpfliche Quellgrund des Lebens mit seinen evolutiv sich entfaltenden Gestaltwerdungen oder eine andere Bezeichnung für den totalitären Anspruch einer gesellschaftlichen Ideologie und ihrer Ansprüche an das Individuum. Schon im blutrünstigen Jakobinertum der französischen Revolution und dann im Leninismus-Stalinismus hatte die Partei die Rolle Gottes angenommen. Hitler berief sich auf die „Vorsehung“, mit der er seinem rücksichtslosen Willen zur Macht eine mystisch-religiöse Legitimität verleihen wollte. Daß es sich um eine ganz pervertierte Sicht der Absolutheit Gottes handelte, braucht hier nicht eigens begründet zu werden.

In der Tradition des europäischen Pantheismus erklärt sich die sogenannte „Neue Religiosität“, die nach dem Abklingen eines reinen Säkularismus seit den 80er Jahren in Europa um sich gegriffen hat. Leitend ist hier eine nichtpersonale Sicht des Absoluten. Die alten asiatischen Religionen des Hinduismus und des Buddhismus werden zu Paradigmen und Leitbildern der Neuen Religiosität. Dem entspricht die Skepsis gegenüber dem monotheistischen Glauben und konkreten Wahrheitsanspruch der Offenbarung im Judentum und im Christentum.

Nach der neueren pluralistischen Religionstheologie *John Hick*s und *Paul Knitter*s haben alle Religionen einen gemeinsamen Ursprung: Es ist die ungegenständliche namenlose Erfahrung des unendlich-göttlichen Horizonts aller Wirklichkeit. Diese mystische Urerfahrung des Göttlich-

Absoluten werde dann mit Hilfe der kulturellen Prägungen und sprachlichen Muster zu konkreten religiösen Überzeugungen und Moralvorstellungen ausgeformt. Der Form nach wurzeln alle Religionen in einer Manifestation des Göttlichen in der mystisch-religiösen Wirklichkeitserfahrung. Den Inhalten nach sind die Religionen Produkte menschlicher Vorstellungen und kultischer Praxis. Demnach sagen die Religionen trotz all ihrer Gegensätzlichkeit auf der Oberfläche ihrer Bekenntnisse in der Tiefe der Urerfahrung des unendlich-göttlichen Abgrundes das Gleiche. Sie bestätigen in ihrer Gesamtheit den größeren Wahrheitswert der religiösen vor einer säkularistisch-immanentistischen Sicht der Wirklichkeit, wenn sie sich nur dem ethischen Kriterium, nämlich der Abkehr von der Selbstbezogenheit, unterstellen und damit zugleich die Wirklichkeitsbezogenheit der religiösen Weltinterpretation bewahrheiten.
Angesichts der gegenwärtigen Mentalitätslage mit ihren eigentümlichen Evidenzen und Plausibilitäten scheint Gott als Name für Jahwe, der Abraham berufen hat, der durch Mose Israel aus der Knechtschaft befreite und den Jesus als seinen Vater angesprochen hat, entweder als schädliche oder nützliche Projektion entlarvt oder er scheint nur noch zu retten zu sein als bloß namenloser Horizont und Grund menschlicher Wirklichkeitserfahrung. Der Gott und Vater Jesu Christi wäre selbstverständlich mit den Namen Shiva, Zeus und Wotan austauschbar.

Ist die Anonymität das Endschicksal des christlichen Gottes in der modernen westlichen Welt, die ihre gewachsene Herkunft aus christlicher Tradition trotz allem nur schwer verleugnen kann? Unter welchem Namen kann Gott sich heute zur Sprache bringen, ohne daß wir gegen uns selbst den Verdacht haben müßten, daß dieser Gott nichts weiter ist als eine Projektion unserer Lieblingsideen, eine Instanz, um im Kampf der Meinungen unsere eigene durchsetzen zu können?
In seinem Aufsatz „Die onto-theo-logische Verfassung der Metaphysik“ hat *Martin Heidegger* die Krise des abendländischen Gottesbegriffs als eine aus der Vernunft des Menschen entworfene Idee eines höchsten Seienden als Chance begriffen, nun von ganz anderer Voraussetzung her dem göttlichen Gott entgegen zu denken: Zu dem Gott der Metaphysik „kann der Mensch weder beten, noch kann er ihm opfern. Vor der Causa sui kann der Mensch weder aus Scheu ins Knie fallen, noch kann er vor diesem Gott musizieren und tanzen. Demgemäß ist das gott-lose Den-

ken, das den Gott der Philosophie, den Gott als Causa sui preisgeben muß, dem göttlichen Gott vielleicht näher“ (Martin Heidegger, Identität und Differenz, Pfullingen 1957, 31-67, hier 64 f.).

Dem göttlichen Gott entgegendenken. Im Gefängnis 1944 wegen seiner Beteiligung am Widerstand gegen Hitler und das mögliche Todesurteil vor Augen versuchte der evangelische Theologe und Pastor *Dietrich Bonhoeffer* (1906-1945) in aller Ehrlichkeit eine Bestandsaufnahme des Christentums. Was bleibt nach dem Durchgang durch die Aufklärung, die Religionskritik, die Etablierung eines immanent-säkularen Lebensgefühls, das auch ohne die traditionellen religiösen Antworten mit den wissenschaftlichen Fragen und mit den existentiellen Herausforderungen von Leid und Tod auszukommen scheint?
Der christliche Glaube entspringt der Grundfrage: „Wer ist Gott?“, aber er baut nicht auf der nur schwer nachvollziehbaren Begriffsbildung der theistischen Metaphysik auf. Gott ist nicht das höchste, allmächtige, unendliche, absolute Seiende, das man sich jenseits der Welt wie eine Art Superwesen, letztlich aber wie einen verabsolutierten Übermenschen vorstellt. Demnach käme der biblischen Offenbarung nur die Rolle zu, die Abstraktheit dieses transzendenten Wesens mit anschaulichen Bildworten dem Imaginationsbedürfnis der Menschen etwas näher zu bringen. Christlicher Gottesglaube wird aber auch nicht plausibler durch Anleihen bei den mythischen Religionen. Christlicher Gottesglaube ist keine in das Jenseits hineinverlängerte Welt.
Christlicher Glaube entspringt vielmehr der konkreten „Begegnung mit Jesus Christus“ – so sagt Bonhoeffer in seinen Briefen aus dem Gefängnis, die unter dem Titel „Widerstand und Ergebung“ gesammelt sind. Es ist die „Erfahrung, daß hier eine Umkehrung alles menschlichen Seins gegeben ist, darin, daß Jesus nur ‘für andere da ist’. Das ‘Für-andere-Dasein’ Jesu ist die Transzendenzerfahrung! Aus der Freiheit von sich selbst, aus dem ‘Für-andere-Dasein’ bis zum Tod entspringt erst die Allmacht, Allwissenheit, Allgegenwart. Glaube ist das Teilnehmen an diesem Sein Jesu (Menschwerdung, Kreuz, Auferstehung). Unser Verhältnis zu Gott ist kein ‘religiöses’ zu einem denkbar höchsten, mächtigsten, besten Wesen – dies ist keine echte Transzendenz –, sondern unser Verhältnis zu Gott ist ein neues Leben im ‘Dasein-für-andere’, in der Teilnahme am Sein Jesu. Nicht die unendlichen, unerreichbaren Aufgaben, sondern der jeweils gegebene erreichbare Nächste ist das

Transzendente" (Dietrich Bonhoeffer, Widerstand und Ergebung, herausgegeben von Eberhard Bethge, München 1970, 414).

Daß nicht philosophische Spekulation über die Transzendenz oder das mystische Gefühl der Vereinigung mit dem Unendlichen Orte der Gotteserfahrung sind, sondern die Begegnung mit dem Nächsten, dem Mitmenschen in seinen Leiden und Hoffnungen, hat aus eigener leidvoller Erfahrung auch der jüdische Philosoph *Emmanuel Lévinas* (1906-1995) uns zu bedenken aufgegeben. Gott ist für ihn nicht eine weltjenseitige absolute Macht, deren Existenz es zu beweisen oder zu bestreiten gilt. Man kann sich dieses Gottes auch nicht vergewissern mit religiöser Erfahrung des Unendlichen und sich seiner durch Verschmelzung bemächtigen. Gotteserfahrung ereignet sich aus der Wachheit für den „Umstand, unter dem der eigentliche Sinn des Wortes Gott ins Denken einfällt". Es ist die unabweisliche Einsicht, daß „*Offenbarung* Liebe zum anderen Menschen ist ..., daß die Beziehung zum *Absoluten* oder zum *Unendlichen* ethisch bedeutet, ... *in* der Nähe des anderen Menschen (zu sein), des fremden und möglicherweise nackten, mittellosen und nicht begehrenswerten Menschen, aber auch *in* seinem Antlitz, das mich fordert, in dem unabweisbar mir zugewandten Antlitz, das mich in Frage stellt", sich von der Transzendenz betreffen zu lassen (Emmanuel Lévinas, Wenn Gott ins Denken einfällt. Diskurse über die Betroffenheit von Transzendenz, Freiburg i. Br. 1985, 222).

Die Transzendenzerfahrung ereignet sich in der Begegnung mit dem Nächsten. Wenn ich ihm ins Gesicht sehe, begreife ich, daß mein Versuch, mich der Welt denkend und handelnd zu bemächtigen, alles meinem Machtwillen zu unterwerfen, an eine unüberwindbare Grenze gelangt ist. Der Andere in seinem Anderssein offenbart mir die Unverfügbarkeit des Daseins. Der Mensch verdankt sich in seinem Dasein einer Macht der Liebe, die ihn dasein läßt und ihm die Möglichkeit schenkt, sich auf den andern hin zu öffnen, nicht ihn in das eigene Kalkül hineinzuziehen.

Wer den andern in seinem Anderssein läßt, eröffnet sich die Chance, er selbst zu werden, indem er über sich hinausgeht – oder wie Bonhoeffer sagte: im andern die Erfahrung der Transzendenz zu gewinnen und somit wenigstens implizit Gott zu erfahren, der in Schöpfung und Menschwerdung sein eigenes Wesen als Dasein für andere offenbart. Das Wesen solcher Offenbarung, die sich in der Begegnung von Menschen vermittelt, ist Kommunikation und Dialog. Diese in menschlicher Begegnung und Interaktion vermittelte Begegnung Gottes mit den Menschen hat in Jesus Christus ihr geschichtliches Zentrum, weil im Dasein für andere dieses Menschen Jesus von Nazaret bis zum Tod am Kreuz sich unmittelbar die Kenosis Gottes, sein Dasein für uns ereignet und sich als Grund jeder selbstlosen Liebe eines Menschen für einen anderen Menschen offenbart.

Ähnlich hat der katholische Theologe *Karl Rahner* (1904-1984) den Zugang zu dem heiligen Geheimnis, das sich im Namen des Gottes und Vaters Jesu kundgibt und zugleich der menschlichen Verfügung entzieht, für den modernen Menschen aufzuschließen versucht. Es gibt eine ursprüngliche Erfahrung, daß der Mensch über sich hinaus verwiesen ist. Transzendenzerfahrung heißt nicht, jenseitige Wirklichkeiten wie Weltdinge zu erfassen. Transzendenzerfahrung ereignet sich in existentiellen Grunderfahrungen, daß der Mensch als das Wesen von Geist und Freiheit in der Begegnung mit dem Mitmenschen auf einen unbedingten Grund seiner Sinnerfahrung, Hoffnung und Liebe trifft, der allen innerweltlichen Kausalzusammenhängen und Berechnungen vorausliegt. Was geschieht eigentlich und worin ist es begründet, daß es auch bei solchen Menschen, die nicht explizit an Gott glauben, eine Selbstlosigkeit einer Liebe zu einem Menschen gibt, die sich nicht noch einmal innerweltlich rechnet; daß Menschen ihre persönliche Schuld anerkennen, ohne sich mit den Umständen zu entschuldigen oder sie auf andere abzuwälzen? Wie kommt es, daß Menschen, dem Tod ihres geliebtesten Mitmenschen zum Trotz, von der unbesiegbaren Gewißheit erfüllt sein können, daß letztlich der Tod nicht stärker ist als die Liebe?

In allen diesen und ähnlichen existentiellen Grunderfahrungen zeigt sich die Verwiesenheit des Menschen auf ein Geheimnis, das nicht ein Stück verlängerte Welt ist, sondern sich als Grund, Bedingung, als Woher und Wohin des Menschen erweist. Dabei ist klar: „Der Begriff ‘Gott’ ist nicht ein Ergreifen Gottes, durch das der Mensch sich des Geheimnisses bemächtigt, sondern ein Sich-ergreifen-Lassen von einem anwesenden und sich immer entziehenden Geheimnis. Dieses Geheimnis bleibt Geheimnis, auch wenn es sich dem Menschen eröffnet und so gerade allererst den Menschen als Subjekt dauernd begründet“ (Karl Rahner, Grundkurs des Glaubens. Einführung in den Begriff des Christentums, Freiburg 1976, 63).

Wenn Gott in analoger Sprechweise als Person bezeichnet wird, ist das keine Übertragung endlicher Seinsweise der menschlichen Subjektivität

auf Gott. Die Erkenntnis Gottes als Person ergibt sich vielmehr aus der Erfahrung, daß der unbedingte Grund meines Personseins, das mir in der Begegnung mit dem unmanipulierbaren Anderssein des Mitmenschen aufgeht, selber das Geheimnis des Geheimnisses des Personseins ist.
Dazu sagt Karl Rahner: „Der Grund unserer geistigen Personalität, der sich in der transzendentalen Konstitution eben dieser unserer geistigen Person immer gerade als Grund unserer Person zusagt und in einem entzieht, hat sich selber schon als Person zugesagt. Die Vorstellung, der absolute Grund aller Wirklichkeit sei so etwas wie ein sich selbst entzogenes sachhaftes Weltgesetz ... eine Quelle, die sich entleert, ohne sich zu besitzen, Geist und Freiheit aus sich entläßt, ohne selbst Geist und Freiheit zu sein, eine Vorstellung gleichsam von einem blinden Urgrund der Welt, der uns nicht anblicken kann, auch dann nicht, wenn er wollte, ist eine Vorstellung, deren Modell aus dem Zusammenhang der sachhaften Weltdinge entnommen ist und nicht von dort herkommt, wo eine ursprüngliche transzendentale Erfahrung ihren eigentlichen Ort hat: nämlich von der subjekthaften freien Selbsterfahrung des endlichen Geistes, der sich als solcher in dieser seiner Konstitution immer als der von einem anderen Herkünftige und als von einem anderen her sich Zugesagte erfährt, von einem anderen her also, das er nicht als sachhaftes Prinzip mißdeuten kann" (Karl Rahner, Grundkurs des Glaubens. Einführung in den Begriff des Christentums, Freiburg 1976, 83).

Die Nähe Gottes in seinem Namen. Der christliche Glaube an den personalen dreifaltigen Gott wurzelt in der geschichtlichen Gotteserfahrung des Volkes Israel. Wenn dieser Glaube auch schon seit der frühesten Begegnung mit der hellenistischen Philosophie, von der beim Besuch des Apostels Paulus auf dem Areopag in Athen die Rede ist (vgl. Apostelgeschichte 17), in einen Dialog mit dem Gott der Philosophen kam, so ist doch der Glaube an Gott, den Vater Jesu Christi, an Jesus Christus, das fleischgewordene Wort Gottes und an Gott, den Heiligen Geist, keine äußerliche Zusammenfügung philosophischer und theologischer Komponenten. Die zentrale und fundamentale Erkenntnis Gottes als Person und seiner freigesetzten Beziehung zum Menschen war nicht das Ergebnis philosophischer Spekulation über den letzten Grund des Seins.
Zur religionsgeschichtlich ganz unvergleichlichen Erkenntnis Gottes kam es durch seine freie und souveräne Zuwendung zum Menschen und durch die persönliche An-rede des Menschen. Nicht die Menschen haben

Gott einen Namen gegeben, so wie Adam nach dem ersten biblischen Schöpfungslied alle vor ihn hingeführten Tiere benannt hat. Im Benennen und Begreifen drückt sich die Überlegenheit des geistigen über die vernunftlosen Lebewesen und damit auch die Herrschaft des Menschen über die Erde aus. Zugleich wird auch klar, worum es in der Selbstunterscheidung des Menschen vom tierischen und pflanzlichen Leben zutiefst geht: eben nicht um eine Selbstüberhebung, sondern gerade darum, daß er sich in Geist und Freiheit als das Wesen der Verantwortung für sein Handeln und der Selbstüberantwortung an seinen Schöpfer verstehen lernt. Der Mensch ist das Wesen der Selbsterkenntnis und der Fähigkeit, Antwort auf das persönlich an ihn gerichtete Wort Gottes zu geben.

Der Mensch kann aber nicht von sich her das Wesen Gottes definieren. Er kann auch nicht einzelne, ihn überwältigende Erfahrungen der Naturgewalten, des vegetativen Zyklus oder der politischen Gewalten Gott nennen und damit ein Stück Welt vergötzen. Gott ist gerade der, der sich als der Unbenennbare, als die undefinierbare Macht erweist. Dem anonymen Gott allein steht es zu, sich durch seine Anrede an den Menschen zu offenbaren und doch unbenennbar und unbeherrschbar zu bleiben. Indem er die Patriarchen im Berufungswort persönlich anspricht und er Abraham beruft, zum Vater der Völker am Ursprung der Heilsgeschichte zu werden, macht er sich konkret ansprechbar als der Gott Abrahams, Isaaks und Jakobs.

An einer Schlüsselstelle des Alten Testaments, bei der Berufung und Sendung des Mose zum Retter Israels aus der Sklaverei Ägyptens, offenbart Gott aus der Flamme des brennenden und doch nicht verbrennenden Dornbuschs heraus auf die Frage nach seinem Namen: „Ich bin der Ich-bin-da“ (Exodus 3, 14).

Indem Gott seinen Namen offenbart, wird er nicht beherrschbar und verfügbar für den Menschen. Der geoffenbarte Name Gottes besagt gerade, daß Gott der ist, der frei und souverän sich für den Menschen engagiert. Gott wahrt seine Gottheit gerade darin, daß der „Ganz-andere“ ganz für andere da sein kann. Das Sein Gottes offenbart sich in der Freiheit seines Daseins für uns inmitten des dramatischen Daseinskampfes seines erwählten Volkes.

Der Selbstoffenbarung Gottes in seinem Namen entspricht die Selbsterkenntnis des Menschen, daß er nämlich im Angesprochensein durch Gott, seinen Schöpfer und Retter, selbst Person ist. Personsein des Menschen ist nicht eine statische Eigenschaft. Der Mensch erkennt sich in seinem Personsein als eine unverfügbare Wirklichkeit, in der Unveräußerlichkeit seiner Würde, der Unverrechenbarkeit in einer Kosten-Nutzen-Kalkulation eben im Angesprochensein durch Gott und der Berufung zu einem dialogischen Daseinsvollzug.

Mose, der Mittler des Bundes, mit dem Gott „Auge in Auge redet, so wie Menschen miteinander reden“ (Exodus 33, 11), ist selbst von Gott beim Namen gerufen und darin von Gott erkannt, respektiert und geliebt. Der Selbstoffenbarung des Namens Gottes entspringt die Würde des Menschen als Person, da Gott ihm sagte: „Ich kenne deinen Namen und habe dir meine Gnade geschenkt“ (Exodus 33, 12). Gott nennt nicht den Menschen beim Namen, um ein absolutistisches Verfügen anzuzeigen, sondern um den Menschen bei der Würde anzusprechen und zur freien Verantwortung zu befähigen, damit die Kommunikation von Personen in der Liebe möglich wird.

Es ist nur eine unter vielen Stellen im Alten Testament, wenn auch eine der eindrücklichsten, wenn im Jesaja-Buch Jahwe, der Schöpfer und Erretter zu seinem Volke spricht: „Fürchte dich nicht, Israel, denn ich habe dich erlöst, ich habe dich bei deinem Namen gerufen, du bist mein Eigentum“ (Jesaja 43, 1.7). Diese in der Geschichte Israels offenbar gewordene innere Beziehung zwischen der Namensoffenbarung Gottes und der Personwerdung des Menschen ist auch maßgebend für das Neue Testament.

Der Glaube der Urkirche drückt sich an entscheidender Stelle so aus, daß Jesus die endzeitlich und unüberbietbare Offenbarung und Gegenwart des Namens Gottes ist. Der Apostel Petrus als Repräsentant der Urkirche bekennt sich zu dem von den Menschen verstoßenen und ans Kreuz geschlagenen, aber von Gott in der Auferweckung von den Toten bestätigten Jesus von Nazaret: „In keinem anderen ist das Heil zu finden. Denn uns Menschen ist kein anderer Name unter dem Himmel gegeben, durch den wir gerettet werden sollen“ (Apostelgeschichte 4, 12).

Dem entspricht die Taufe auf den Namen Jesu, des Sohnes Gottes und seines auf alle Menschen ausgegossenen Heiligen Geistes (vgl. Apostelgeschichte 2, 38; Matthäus 28, 19; 1 Korinther 1, 13f.).

Angesprochen vom Wort Gottes in diesem Menschen Jesus von Nazaret, wird der Mensch vor Gott zu einem unverwechselbaren Namen, und nicht zu einer auswechselbaren Nummer. Beim Namen gerufen sein bedeutet volle Anteilhabe am Leben Gottes und der Gemeinschaft der Jünger Jesu (Philipper 4, 4). „Keinem nämlich, dessen Namen eingetragen

ist ins Lebensbuch des Lammes, das geschlachtet wurde“ (Offenbarung 13, 8), kann die lebensvernichtende Macht des Bösen, der Feinde Gottes und der Verächter des Menschen gefährlich werden.
So zeigt sich die innere Wechselwirkung zwischen Gottesthema und der menschlichen Existenz. Jeder Mensch, ob sich ihm das Geheimnis seines Daseins im tiefsten Abgrund verrätselt, ob er daran irre wird, oder ob er in das Geheimnis angespannt hineinhorcht, wird am Ende immer vor die eine und selbe Grundfrage geführt: „Was ist der Mensch? Was ist der Sinn des Schmerzes, des Bösen, des Todes? Was kann der Mensch der Gesellschaft geben, was von ihr erwarten? Was kommt nach dem irdischen Leben?“ – so hatte das II. Vatikanum in der Pastoralkonstitution „Die Kirche in der Welt von heute“ (Gaudium et Spes, Art. 10) die Fragen zusammengefaßt, die so alt sind wie der Mensch selbst.
Gott selbst bleibt für uns das namenlose Geheimnis, solange Gott nicht seinen Namen offenbart. So sagt das Johannes-Evangelium: „Niemand hat Gott je gesehen. Der einzige, der Gott ist und am Herzen des Vaters ruht“ – er hat uns Gott interpretiert und erschlossen“ (Johannes 1, 18). Nur Gott selbst kann sich bei seinem Namen ansprechen lassen. In den Abschiedsreden zu seinen Jüngern vor der Selbsthingabe seines Lebens aus unübertreffbarer Liebe für seine Freunde wendet sich Jesus an Gott und spricht – seine ganze Sendung zusammenfassend: „Vater, ich habe deinen Namen den Menschen geoffenbart, die du mir gegeben hast ... bewahre sie in deinem Namen, den du mir gegeben hast, damit sie eins sind wie wir“ (Johannes 17, 6.11).

Der Fern-Nahe

Gottesdenker über den unnahbaren und erdrückend nahen Gott

von Eugen Biser

Seitdem sich die Menschheit zum Wissen um den persönlichen, von der Welt unterschiedenen Gott erhob, verbindet sich mit dem Gottesbegriff das Moment der Erhabenheit und überwältigenden Größe, das als ebenso bedrückend wie unerreichbar empfunden wird. Dieser Gott ist ebenso fern wie nah, doch so, daß sich mit seiner Nähe das Gefühl der Unentrinnbarkeit verbindet. Hierhin stimmt der radikalste Kritiker des Christentums, Friedrich Nietzsche, mit dem Beter des 139. Psalms überein, der sich zu dem Geständnis gedrängt fühlt: „Ringsum schließt du mich ein und legst auf mich deine Hand. Gar wunderbar ist dieses Wissen für mich, nicht zu begreifen. Wohin soll ich mich flüchten vor deinem Geist, wohin vor deinem Antlitz fliehen? Steig ich zum Himmel empor, so bist du zugegen; fahre ich zur Unterwelt hinab, so bist du da! Und liehe ich mir Flügel vom Morgenrot, um mich niederzulassen am fernsten Gestade, so ergreift mich auch dort deine Hand und hält mich deine Rechte umfangen“ (Psalm 139, 5-10).

Man hat geradezu den Eindruck, als sei das Erlebnis der übergroßen, bedrängenden Nähe von dem der Ferne Gottes durchsetzt, so daß sich der Beter davon eher bedrückt als getröstet fühlt. Dabei verwandelt sich sogar das erhebende Gefühl, von Gottes Blick erfaßt und durchdrungen zu sein, im Lauf der Motivgeschichte in sein peinigendes Gegenteil. Das steigert sich bei Nietzsche zu wilder, gottfeindlicher Aggression: „Du ertrugst den nicht, der dich sah“, erklärt Zarathustra dem „häßlichsten Menschen“, in dem er den Mörder Gottes erkannte. Und der muß ihm zustimmen: „Aber er – mußte sterben: er sah mit Augen, welche alles sehen – er sah des Menschen Tiefen und Gründe, alle seine verhehlte Schmach und Häßlichkeit ... Der Gott, der alles sah, auch den Menschen: dieser Gott mußte sterben! Der Mensch erträgt es nicht, daß solch ein Zeuge lebt“ (Nietzsche, Zarathustra IV: Der häßlichste Mensch).

Das ist Nietzsches lautester Protest gegen den „moralischen“, den Menschen durchschauenden und beherrschenden Gott, wenn freilich auch nicht sein letztes Wort in der Gottesfrage. Und es ist, motivgeschichtlich gesehen, die geradezu verzweifelte Reaktion auf das unbewältigte Problem des fernen Gottes, das die Menschheit auf ihrem Denkweg unablässig in Atem hielt. Denn das Wissen um die Erhabenheit Gottes führt in der Folge zu der Erkenntnis, daß alle von ihm gebildeten Begriffe an seiner Unausdenklichkeit scheitern, so daß, wie das Vierte Laterankonzil (von 1215) formulierte, keine noch so große Ähnlichkeit zwischen Schöpfer und Geschöpf konstatiert werden kann, die nicht von einer noch größeren Unähnlichkeit übergriffen würde.
In diesem Sinn erklärt schon Novatian, der Begründer der „negativen Theologie“, in seiner Schrift über die Trinität: „Nennt man ihn Licht, so bezeichnet man nicht ihn, sondern ein Geschöpf; ihm selbst sagt man damit nicht aus. Nennt man ihn Kraft, so bezeichnet man wiederum nicht ihn, sondern nur seine Macht. Spricht man von seiner Majestät, so beschreibt man seine Würde, nicht sein Wesen. Wie sollte man auch über den etwas umfassend sagen und erdenken können, der über alle Nennungen und Gedanken erhaben ist?“ (Novatian, De trinitate, II, c. 14). In hymnischer Sprache wiederholt das eine Gregor von Nazianz zugeschriebene Strophe: „‘Jenseits von allem!’ Wie anders dürfte ich dich preisen? Wie soll dich mein Wort rühmen: bist du doch jedem Wort unsagbar! Wie soll dich meine Einsicht schauen: bist du doch jeder Einsicht unerreichbar! Unbenannt du allein, denn du schufst jede Benennung! Unbekannt du allein, denn du schufst jede Einsicht!“ (Gregor von Nazianz, Carmen 29, nach J. Hochstaffl, Negative Theologie. Ein Versuch zur Vermittlung des patristischen Begriffs, München 1976, 108).

Der doppelte Lichtblick. Wie der enthusiastische Zug dieser Aussage erkennen läßt, verband sich mit der Vertiefung in das Geheimnis der göttlichen Ferne ein doppelter Lichtblick. Der eine besteht in der Entdeckung, daß die Ferne Gottes den Menschen zur Selbstüberschreitung hinreißt. Unüberbietbar schön verlieh dem Augustinus in dem berühmten Eingangswort seiner „Bekenntnisse“ Ausdruck: „Du hast es auf dich hin geschaffen, und unruhig ist unser Herz, bis es Ruhe findet in dir!“ Ihre begrifflich schärfste Fassung aber fand die Entdeckung in dem Satz aus Pascals „Pensées“, daß sich der Mensch selbst unendlich überschreitet (§ 434), ein Satz, den das berühmte Fragment 72 in die Reflexion fort-

Blaise Pascal

„Was ist zum Schluß der Mensch? ... Unendlich entfernt vom Begreifen der äußersten Grenzen, sind ihm Ende und Gründe der Dinge undurchdringlich verborgen, unlösbares Geheimnis; denn er ist gleicherweise unfähig, das Nichts zu erfassen, aus dem er hervorging, wie das Unendliche, das ihn verschlingt." (aus: *Pensées*) führt: „Was ist zum Schluß der Mensch? Ein Nichts vor dem Unendlichen, ein All gegenüber dem Nichts, eine Mitte zwischen Nichts und All. Unendlich entfernt vom Begreifen der äußersten Grenzen, sind ihm Ende und Gründe der Dinge undurchdringlich verborgen, unlösbares Geheimnis; denn er ist gleicherweise unfähig, das Nichts zu erfassen, aus dem er hervorging, wie das Unendliche, das ihn verschlingt."

Wenn irgendwo, öffnet sich hier das Geheimnis des Menschen, der Abgrund seiner Wesenstiefe. Denn er ist, mit den Augen Pascals gesehen, das Wesen der Selbstüberschreitung, das ungeachtet seiner Kontingenz und vielfältigen Bedingtheit nur im Unbedingten Genüge findet, der also Gott braucht, um er selbst, um Mensch sein zu können. Denn der Mensch ist diesem Ansatz zufolge mit seiner Sinnspitze ins Herz Gottes eingeschrieben. Wenn er Auskunft über den innersten Sinn seines Lebens erhalten soll, muß somit Gott aus sich herausgehen, muß der wie verschwiegene Gott sein undurchdringliches Schweigen brechen, um dem Menschen zu sagen, „wer er ist". Diese Wendung ist in einer beglückenden Weise doppelsinnig. Denn dies „wer er ist" bezieht sich nicht nur auf das Geheimnis Gottes, sondern ebenso auch auf das des Menschen. Wenn Gott sich mitteilt und aussagt, ist der Mensch stets mitgesagt. Wenn sich ihm die Tiefen der Gottheit, von denen Paulus spricht, öffnen, gewinnt er zugleich Einblick in seine eigene Wesenstiefe. Was er dort erblickt, ist aber kein Bild, sondern eine Hand, die ihn ans Herz Gottes zieht und ihn dort jene Geborgenheit erleben läßt, auf die seine Sinnsuche letztlich ausgeht.

Demgegenüber besteht der zweite Lichtblick in der Entdeckung des Weges, der durch das Motiv der Erhabenheit zur Erkenntnis Gottes und zur Vergewisserung seines Daseins führt. Er ist verknüpft mit dem Namen des „Vaters der Scholastik" Anselm von Canterbury, von dem noch Heinrich Heine wußte, daß er diesen Beweis, niedergelegt in seinem „Proslogion", in einer „rührenden Gebetform" entwickelt habe, so daß in ihm die Kraft des spekulativen Denkens mit der Inbrunst des Gebetes verschmilzt. Für den Denker ist Gott der kognitive Grenzwert, das unüberdenklich Größte, das in dieser Größe erst dann begriffen ist, wenn es als existent gedacht wird. Dabei wurde die Existenz, vor allem von Kritikern wie Thomas von Aquin und Immanuel Kant, meist als Qualität mißverstanden und der Beweis unter dieser irrigen Voraussetzung tendenziell zu Fall gebracht. Doch für den Beter ist Größe kein Attribut, sondern der Inbegriff des Erlebten, in seiner Wirklichkeit erfaßten und erfahrenen Gottes. Das bestätigt der Eingang des augustinischen Bekenntniswerks, noch bevor der bewegende Satz von der Herzensunruhe erklingt: „Groß bist du, Herr, und höchsten Lobes würdig. Groß ist deine Macht, und deine Weisheit hat keine Grenzen. Und dich will loben der Mensch, dieses Bruchstück deiner Schöpfung, der Mensch, der seine Sterblichkeit, das Zeugnis seiner Sünde, mit sich herumschleppt. Und doch will er dich loben ..., und du treibst ihn an, seine Freude darin zu finden, daß er dich lobt; denn auf dich hin hast du uns geschaffen, und unruhig ist unser Herz, bis es Ruhe findet in dir."

Der spirituelle Gottesbeweis. Weil man das Gebet nur als Form, nicht als Grundzug des „ontologischen" Arguments ansah, zog sich der Streit um seine Beweiskraft durch die Jahrhunderte hin, bis zu Nietzsche, der mit seiner Parabel vom „Tollen Menschen" und dessen Parole „Gott ist tot" diesen, wie er wohl unter dem Eindruck Heinrich Heines meinte, letzen Pfeiler des Gottesglaubens mit sprachlichen Mitteln zum Einsturz zu bringen suchte, weil ihm allem Anschein nach argumentativ nicht beizukommen war. Indessen gab Heine, mit der „rührenden Gebetform", in die er den Beweis durch Anselm gebracht sah, unwillkürlich einen Fingerzeig, wie er trotz aller Angriffe doch noch zu retten war, zumal er faktisch so schon immer geführt wurde. Das aber geschah durch das Gebet, sofern es nur mit einer alten Bestimmung als die „Erhebung des Geistes zu Gott" verstanden und geübt wird. So gesehen ist das Gebet, mit Martin Buber gesprochen, die Bitte um das dialogische Fühlbarwerden der Gotteswirklichkeit. Beim ersten Hören will das nicht einleuchten, da sich das Gebet nach allgemeiner Einschätzung auf irdische Anliegen bezieht. Doch dem tiefer Blickenden wird klar, daß es sich dabei nur um das Vorletzte im Gebetsgeschehen handelt. Letztlich geht es bei jedem Gebet um Gott. Es ist, anders ausgedrückt, der mit dem Herzen geführte Gottesbeweis.

Eine Szene des Evangeliums kann das verdeutlichen: die Perikope mit dem sinkenden Petrus. Ihm kam, zusammen mit seinen Gefährten, zu nächtlicher Stunde der auferstandene Christus entgegen, der sich seinen Jüngern mit seinem hoheitsvollen „Ich bin es" zu erkennen gab. Und er beantwortete die Bitte des Petrus, ihm über den See entgegengehen zu dürfen, mit seinem einladenden „Komm!" Da steigt Petrus aus dem Boot, um Jesus auf dem Wasser entgegenzutreten. Als er aber den Wind und die Wogen wahrnimmt, bekommt er es mit der Angst zu tun und beginnt zu sinken. In seiner Todesnot schreit er laut „Herr, rette mich!" – und schon ergreift ihn die Heilandshand, um ihn in Sicherheit zu bringen (Matthäus 14, 25-31). Damit durchmißt er die Dramatik des Gebets. Sie beginnt mit dem Versuch, sich von der mit dem Boot veranschaulichten Weltwirklichkeit zu lösen, um sich auf die Wirklichkeit des lebendigen Gottes zu begründen. Dabei reißt der Kontakt mit dem Halt im Welthaften, ohne daß das rettenden Ufer der Gotteswirklichkeit schon voll erreicht wäre, und der Beter versinkt in die Bodenlosigkeit der Angst. Da entringt sich ihm der Notschrei eines existentiellen *de profundis*. Dem antwortet der Angerufene mit dem Erweis seiner selbst, durch den er den Beter in seine bergende Huld aufnimmt. Der Gedanke legt sich nahe, in der Petrusszene nicht nur die Symbolik des Gebets, sondern die visionäre Vorwegnahme des anselmischen Gottesbeweises zu sehen, zumal es auch darin um eine ausgesprochene Grenzerfahrung geht. Wenn es überdies zurtrifft, daß sich Nietzsche mit seinem Atheismus gegen diesen Beweis stellte, könnte man sogar annehmen, daß sich darin das religiöse Schicksal der Neuzeit spiegelt. In dieser Sicht wäre sie dann freilich noch nicht an ihr Ziel gelangt; vielmehr befände sie sich noch in der Situation des in Zweifel und Verzweiflung Versinkenden.

Der Prothesengott. Noch prekärer ist es um das Motiv der Selbstüberschreitung des Menschen bestellt, also um die Entdeckung des utopischen Grundzugs seines Wesens. Zwar spricht vieles, insbesondere die stürmische Entwicklung der Hochtechnik dafür, daß der heutige Mensch im Begriff steht, sich die – nach Nietzsche – durch den „Tod Gottes" freigesetzten, göttlichen Attribute anzueignen: In der Raumfahrt ein Stück göttlicher Allgegenwart, in der Medientechnik ein Stück göttlicher Allwissenheit und in der Gentechnik ein Stück göttlichen Schöpfertums; doch brachte er es nach Sigmund Freud dabei nur zur skurrilen Figur eines „Prothesengottes", der sich mit seinem Zugewinn noch recht schwer tut.

Indessen ist der Mensch der Selbstüberschreitung auch das variable, das plastische und bildsame Wesen. Darin witterten diejenigen ihre Chance, die es auf seine „Veränderung" abgesehen hatten, die also seine Plastizität als Einfallstor für manipulatorische Eingriffe zu nutzen suchten und wechselweise auf die „Konstruktion" – so der Kommunismus – oder die „Züchtung" – so der Nationalsozialismus – des neuen Menschen ausgingen, doch nicht weniger auch die Funktionäre der „sanften Diktatur", die von den elektronischen Medien ausgeübt wird und insgeheim auf die Schaffung des „konsumgerechten“ und damit definitiv sich selbst entfremdeten Menschen hinarbeitet.

Die revolutionäre Tat. Das Problem der Ferne Gottes blieb indessen nicht den „Gottesdenkern“ christlicher und nachchristlicher Provenienz überlassen; vielmehr erweist es sich als das Problem, auf das Jesus selbst mit seiner zentralen Lebensleistung einging. Eingewiesen in eine bis zum Zerreißen gespannte Situation, erkennt er nicht nur mit visionärer Hellsichtigkeit die seinem Volk drohende Gefahr und den grauenvollen Untergang Jerusalems; vielmehr steht ihm auch vor Augen, was das Verderben heraufbeschwört: die Finsternis im Menschenherzen und nicht zuletzt auch das, was Joseph Bernhart den „göttlichen Schatten der Schöpfung“ nannte (so der Untertitel seines Werkes „Chaos und Dämonie“, München 1950). Vor allem aber muß ihm deutlich geworden sein, daß gegen die Mächte des Unheils eine Gottesverehrung, die zwischen Furcht und Liebe schwankte, nicht aufkam. Wenn in letzter Stunde Abhilfe geschaffen werden sollte, dann nur durch einen wagemutigen Eingriff ins Gottesverhältnis und, radikaler noch, ins Gottesbild. Es bedurfte, anders ausgedrückt, einer revolutionären Tat, der größten, von der die Religionsgeschichte zu berichten weiß.
Dazu war Jesus wie kein anderer befugt, ja geradezu herausgefordert durch das Tauferlebnis, durch das er in seiner Gottessohnschaft bestätigt und zum Sohnesbewußtsein erhoben worden war. Mit seiner Antwort auf den Zuspruch der Himmelsstimme wagt er es als erster, Gott im Vollsinn dieser Anrufung „Vater“ zu nennen. Mit dieser Zärtlichkeitsanrede bricht er unwiderruflich mit der Religion der Knechtschaft und der Furcht, mit ihr durchbricht er die Mauer der göttlichen Unnahbarkeit, mit ihr tilgt er den Schatten des Furchtbaren aus dem Bild Gottes, um darin das Antlitz des bedingungslos liebenden Vaters zum Vorschein zu bringen. Doch damit führt er nicht nur das – bei allen Religionen einschließlich der jüdischen – ambivalente Gottesverhältnis in die rettende Eindeutigkeit; vielmehr stellt er in der Konsequenz dessen auch das Verhältnis des Menschen zum Mitmenschen und zu sich selbst auf eine neue, erneuernde Basis. Im Mitmenschen läßt er ihn jenseits aller eingewurzelten Vorbehalte und Ängste den Nächsten finden; und ihm selbst schenkt er die Gewißheit, das von unendlicher Güte umsorgte Kind des himmlischen Vaters zu sein. Damit schafft er die Voraussetzung für jene

Neuordnung der Verhältnisse, die er mit der Ankündigung des Gottesreichs, dem Inbegriff seiner „realisierten Sozialutopie", in Aussicht stellt. Es ist der Inbegriff des angstfreien, auf Vertrauen und Solidarität gegründeten Zusammenlebens, den er als seine rettende Alternative dem Gespenst des drohenden Untergangs entgegensetzt.

Die große Verdüsterung. Ungenützt gebliebene Chancen ziehen verhängnisvolle Folgen nach sich. Wie sich die Verwerfung Jesu auf den Fortgang der Geschichte Israels katastrophal auswirkte, erging es, nur weniger spektakulär und offenkundig, der Christenheit, für die die große Innovation kaum je bewußtseinsbildend wurde, und ebenso der sich aus ihr emanzipierenden Geistesgeschichte.

Der erste Einbruch verbindet sich ausgerechnet mit dem Namen Anselms, der sich – wie in einem Vorgriff auf das Prinzip der Aufklärung – in der Vorrede zu „Cur Deus homo" – „Warum Gott Mensch wurde" zum Ziel setzte, so zu argumentieren, „quasi nihil sciatur de Christo" – „als ob man nichts von Christus wisse", und der sich damit in einen geradezu diametralen Gegensatz zu der für alles christliches Denken grundlegenden Einsicht brachte, die Pascal mit den Sätzen umriß: „Nicht nur Gott kennen wir allein durch Jesus Christus, auch uns selbst kennen wir nur durch Jesus Christus; Leben und Tod kennen wir allein durch Jesus Christus. Ohne Jesus Christus wissen wir weder, was unser Leben, noch was unser Tod, noch was Gott ist, noch was wir selbst sind" (Pensées, § 548). Demgegenüber liegt dem Versuch Anselms das absurde Konzept zugrunde, ohne Christus sogar die Notwendigkeit der Menschwerdung Gottes zu beweisen. Das führte ihn zu der verstiegenen Konstruktion, daß der durch die Sündenschuld der Menschheit unendlich beleidigte Gott einer seiner Unendlichkeit angemessenen Sühneleistung bedurfte. Da diese aber selbst von er Summe aller menschlichen Opfertaten nicht erbracht werden konnte, sandte er – „o wahrhaft selige Schuld" – seinen Sohn in die Welt, damit er, stellvertretend für die nicht satisfaktionsfähigen Menschen, durch seinen Opfertod am Kreuz die schuldige Leistung erbrachte. Doch so hatte ja schon das Urchristentum den Kreuzestod Jesu gedeutet, weil sich ihm die Ungeheuerlichkeit dieses Sterbens nur unter der Voraussetzung zu erklären schien, daß es als eine von Gott geforderte Opfertat begriffen wurde. Nur brachte erst die anselmische Satisfaktionslehre die Fragwürdigkeit dieses Konstrukts zum Vorschein. Denn dadurch wurde der Tod Jesu nicht nur einem Zweck unterworfen und so in seinem Sinn verdunkelt, sondern auch Gott zu einem unnachsichtigen Rächer der menschlichen Missetaten stilisiert.

Was bei Anselm nur methodischer Kunstgriff war, wurde für die offenbarungskritische Aufklärung zum Grundsatz. Vor dem Hintergrund der spätmittelalterlichen Verzerrung Jesu zu einer richterlichen Drohgestalt – geradezu grotesk dokumentiert in der athletischen Christusfigur von Michelangelos Jüngstem Gericht – wuchsen die Ängste und mit ihnen das Gefühl für das der Menschheit aufgebürdete Leiden, das wie eine unübersteigerliche, von den Theoretikern des Theodizeeproblems vergeblich attackierte Barriere gegen den Gottesgedanken erhob.

In dem letztlich unbeantwortet gebliebenen Protest gegen das private und geschichtliche Lebensleid erkannte Albert Camus, ebenso hellsichtig wie sensibel, den wahren Grund für den um sich greifenden Glaubensschwund: „Das Christentum hat auf diesen Protest gegen das Übel nur damit geantwortet, daß es das Gottesreich ankündigte und dann das ewige Leben, das den Glauben verlangt. Aber das Leid verbraucht die Hoffnung und den Glauben; es bleibt dann mit sich allein und findet keine Erklärung" (Albert Camus, Der Mensch in der Revolte, Hamburg 1953, 308).

Wie weit die Dinge auf der Höhe der Aufklärung angelangt waren, beweist Jean Pauls – als religiöse Schattenbeschwörung gemeinte – „Rede des toten Christus vom Weltgebäude herab, daß kein Gott sei", von deren erster Niederschrift im Revolutionsjahr 1789 der Dichter gesteht, daß ihm der Entwurf „mit Grausen" von der Seele vorbeigefahren und von ihm „bebend" niedergeschrieben worden sei (W. Rehm, Jean Paul – Dostojewski. Zur dichterischen Gestaltung des Unglaubens, Göttingen 1962, 16 ff.). Sie ist, wie der Titel dieser „Angstvision" bestätigt, dem „toten", also dem aus dem Zeitbewußtsein verdrängten Christus in den Mund gelegt, der auf die Frage der Toten und der in ihren Gräbern erwachenden Kinder „ist kein Gott? Haben wir keinen Vater?" die schreckliche Auskunft gibt: „Ich ging durch die Welten, ich stieg in die Sonnen und flog mit den Milchstraßen durch die Wüsten des Himmels, aber es ist kein Gott. Ich stieg hinab, soweit das Sein seine Schatten wirft, und schaute in den Abgrund und rief: Vater, wo bist du? Aber ich hörte nur den ewigen Sturm, den niemand regiert. – Wir alle sind Waisen, ich und ihr, wir sind ohne Vater" (Jean Paul, Siebenkäs, Erstes Blumenstück).

Plädoyer für die Verstummten. Für Jean Paul gab es ein befreiendes Erwachen aus seinem Schreckenstraum, der ihn das Glück des Gottesglaubens wie neu geschenktes Leben empfinden ließ; für die Menschheit wurde er dagegen zur geschichtlichen Realität, die den Erfahrungen von Unmenschlichkeit eine neue, ungeheuerliche Dimension hinzufügte. Unter dem Überdruck dieser Geschehnisse gestaltete sich, zumindest für sensible Beobachter, die kulturelle Szene tiefgreifend um. Für Theodor W. Adorno war ein lyrisches Gedicht nach Auschwitz nicht mehr möglich; für Max Horkheimer sieht sich die Philosophie dieser Zeit vor die neuartige Aufgabe gestellt, den namenlosen Märtyrern der terroristischen Vernichtungslager gerecht zu werden und das, was sie getan haben, „in eine Sprache zu übersetzen, die gehört wird, wenn auch ihre vergänglichen Stimmen durch die Tyrannei zum Schweigen gebracht wurden" (Max Horkheimer, Zur Kritik der instrumentellen Vernunft, Frankfurt 1974, 152).

Die theologischen Konsequenzen zog demgegenüber Hans Jonas in seiner Reflexion über den „Gottesbegriff nach Auschwitz" (von 1984), die zu den großen religiösen Zeugnissen der Gegenwart zu zählen ist (Hans Jonas, Der Gottesbegriff nach Auschwitz. Eine jüdische Stimme, Frankfurt 1987). Das mit „Furcht und Zittern" ins Werk gesetzte „Stück unverhüllt spekulativer Theologie" will, ganz im Sinn von Horkheimers Postulat, als Antwort auf den „längst verhallten Schrei" der Hingemordeten „zu einem stummen Gott" verstanden werden, und das besagt: als Antwort, die es unternimmt, anstelle der vor der Unmenschlichkeit der Menschen und dem Schweigen Gottes verstummten, letztlich sogar anstelle des schweigenden Gottes zu reden.

Was diese Antwort zu sagen hat, ist eine Botschaft der Demontage, mit Nietzsche gesprochen der „Selbstzersetzung" Gottes, der Entäußerung göttlicher Attribute. Auf diese Entäußerung ließ sich der göttliche Seinsgrund schon im Schöpfungsakt ein; denn Gott leidet mit und an seiner Schöpfung. Indem er sie „sein läßt", begibt er sich seiner Majestät, indem er Geschichte zuläßt, seiner Geschichtsmacht, indem er die menschliche Freiheit einräumt, eines Stückes seiner eigenen Freiheit. Doch nicht nur der schaffende, sondern auch der – nach Heine und Nietzsche – sterbende Gott verliert seine Attribute, deren sich dann der nach Selbstüberhöhung strebende Mensch, wie Freud zu sehen glaubte, bemächtigt und sich dabei zu einem „Prothesengott" aufbläht.

Den kritischen Fall dieses Prozesses aber bildet erst Auschwitz, das, theologisch gesehen, den „ganzen überlieferten Gottesbegriff in Frage" stellt. Seither können göttliche Allmacht mit göttlicher Güte nur noch um den Preis gänzlicher göttlicher Unerforschtheit zusammengedacht werden. Wer aber – mit Jonas – dennoch am Offenbarungsglauben und damit an der Verständlichkeit Gottes festhalten will, muß „die beiden anderen Attribute aufopfern". Denn absolute Güte, absolute Macht und Verstehbarkeit stehen in einem solchen Verhältnis, daß jede Verbindung von zweien von ihnen das dritte ausschließt (Jonas, a.a.O., 37).

Damit greift Jonas bewußt auf die Kabbala, diese von Gershom Scholem „neu ans Licht gezogene" Unterströmung der jüdischen Glaubensgeschichte zurück, die mit der Idee der göttlichen Einwohnung, der Schechina, eine durchaus gleichsinnige Vorstellung entwickelte. In einem visionären Traumgesicht erklärt sie dem „Seher" von Martin Bubers Roman „Gog und Magog": „Ich bin ermattet; denn ihr habt mich gehetzt. Ich bin siech; denn ihr habt mich gepeinigt. Ich bin beschämt; denn ihr verleugnet mich ... Wenn ihr einander feind seid, hetzt ihr mich. Wenn ihr einander verleumdet, verleugnet ihr mich. Jeder von euch verbannt seinen Gefährten, und so verbannt ihr mich" (Martin Buber, Gog und Magog. Eine Chronik, Heidelberg 1949, 194 f.).

Die Antwort des Kreuzes. Der Anklang an das neutestamentliche Gleichnis vom Weltgericht ist unüberhörbar. Dort hält der Richter den Verworfenen entgegen: „Ich war hungrig, und ihr gabt mir nichts zu essen. Ich war durstig, und ihr gabt mir nichts zu trinken. Ich war fremd und obdachlos, und ihr habt mich nicht aufgenommen ... Amen, ich sage euch: Was ihr einem dieser Geringsten nicht getan habt, das habt ihr auch mir nicht getan" (Matthäus 25, 42-45).

Noch tiefer dringt ein Wort aus Nietzsches „Antichrist", das auf eine einzigartige Einfühlung in die Passion Jesu schließen läßt: „Und er bittet, er leidet, er liebt mit denen, die ihm Böses tun" (Nietzsche, Der Antichrist, § 35).

Schon einen Schritt weiter führt von hier aus die Einsicht, daß die von Jonas vorgeschlagene „Dekomposition" Gottes nur als schwacher Widerschein dessen zu gelten hat, was exemplarisch und unüberbietbar am Kreuz Jesu geschehen war. Wenn man von den „versöhnlichen" Darstellungen der späteren Redaktionen auf den ältesten, den vormarkinischen Passionsbericht zurückblendet, erleidet Jesus in der Todesstunde einen wahren Zusammenbruch der gewohnten Gottesattribute. In dieser Abgründigkeit wird der Bericht vor allem dann ersichtlich, wenn man ihn mit der zweifellos ältesten Passionsgeschichte, einer knappen Aussage des Hebräerbriefes, zusammennimmt, die das Leben Jesu in seinen Todesschrei, das gewaltigste „De profundis", das je zum Himmel drang, ausmünden läßt: „In den Tagen seines Erdenlebens brachte er unter lautem Wehgeschrei und Tränen Bitten und Flehrufe vor den, der ihn vom Tod erretten konnte; und er ist erhört und aus seiner Todesnot befreit worden" (Hebräer 5, 7).

In seiner Bitte geht es – wie bei „jedem Geschöpf in Not" (Bernhart) – um Rettung in letzter Stunde. Doch das von der göttlichen Allmacht erhoffte Wunder bleibt aus: Kein himmlischer Retter erscheint, um den Gekreuzigten seiner Not zu entreißen. Auch bewegt die göttliche Weisheit und Vorsehung keinen seiner Anhänger, eine rettende Befreiungsaktion ins Werk zu setzen. Selbst die Güte Gottes wird in keinem Zug des furchtbaren Geschehens fühlbar, noch nicht einmal in der Geste einer um Linderung der Qualen bemühten Menschenhand. So fallen aus dem Gottesbild des Sterbenden gerade die wichtigsten Attribute Allmacht, Weisheit und Güte heraus.

Dennoch stirbt Jesus nicht ungetröstet. Der Hebräerbrief erhebt sich sogar zu der Versicherung: „und er ist erhört und aus seiner Todesnot befreit worden". Da das offenkundig nicht im Sinn menschlicher Heilserwartung geschah, bleibt nur die Annahme, daß das Gottesverhältnis Jesu in seinem Tod eine letzte Läuterung und Steigerung erfuhr. Im selben Maß, wie er die menschlichen Bilder von Gott hinter sich läßt, gewinnt er Gott als den antwortenden Adressaten seines Not- und Todesschreis. Aus der „Wüste der nackenden Gottheit" (Gertrud von le Fort) erhebt sich Gott in seiner reinen Göttlichkeit, um den Schrei des Sterbenden, anstatt mit der erhofften Hilfe, mit dem Erweis seiner Wirklichkeit zu beantworten. Und das besagt: Der Tod Jesu hat, jenseits aller Erfahrung von Abbruch, Verlust und Untergang, die das Sterben auch für ihn mit sich bringt, die Qualität der befreienden Rettung und Heimholung. Er geht sterbend in die Lebensfülle Gottes ein; er ist in Wahrheit erhört und befreit worden.

In dem durch die Passionsberichte nahegelgten Bild könnte man sogar sagen: In der Nacht von Golgota ist eine unsichtbare Sonne aufgegangen, die Sonne der von Jesus entdeckten, gelehrten und erlittenen göttlichen Liebe. Oder noch entschiedener gesprochen: Das Kreuz ist

die mit Blut und Wunden ausgefertigte Magna Charta der Gottesoffenbarung.
Deshalb ist das Kreuz aber auch umgekehrt die vollgültige Antwort auf die vielfältige Bezweiflung Gottes angesichts des persönlichen oder weltgeschichtlichen Leidens. Wer wissen will, was es um das Geheimnis dieses Gottes ist, der soviel Leid sowohl im Einzelleben als auch im Gesamtleben der Menschheit zuläßt, muß aufblicken zu dem „Haupt voll Blut und Wunden“, das ihm allein Antwort auf seine bange Frage gibt. Doch im selben Maß wie das Kreuz Einblick in die „Tiefen der Gottheit“ (1 Korinther 2, 10) gewährt, wirft es auch Licht auf das abgründige Problem der Vereinbarkeit von Gottes Güte und dem Leid der Welt. Denn es gibt der radikalen Mystikerin Simone Weil mit ihrer Überzeugung recht, daß die Liebe Gottes dem Menschen nie näher ist als in seinem Unglück. Wenn er sich von aller Welt verlassen fühlt, in der Tiefe seines Leids, umarmt ihn die göttliche Liebe.

Der Feuersee. Am Ende der Apokalypse heißt es: „Und der Tod und der Hades wurden in den Feuersee geworfen“ (Apokalypse 20, 14). Das geschah aber schon am Kreuz, wenn man nur den „Feuersee“ auf das „lodernde Feuer“ der göttlichen Liebe (Hebräer 12, 29) bezieht. In der Glut dieser Liebe, verstanden als die Lebensfülle Gottes, starb Jesus hinein. Das aber heißt nicht nur, daß er – schon am Kreuz – dem Tod entrissen und auferweckt wurde; es besagt ebenso, daß er in die Seinsweise Gottes einging und daß alle menschlichen Grenzen wie gesprengte Fesseln von ihm abfielen. Das gibt der Frage, „wohin“ er auferstanden ist, eine für viele unerwartete Wendung. Denn die Antwort heißt jetzt nicht mehr nur „in die Herrlichkeit des Vaters“, sondern nicht weniger klar: in die Herzen der Seinen. Er stieg empor, sagt der Epheserbrief, „um das All zu erfüllen“ (Epheser 4, 10).
Das ist die beglückende, nur noch viel zu wenig bekannte Lehre von der Selbstvergegenwärtigung und Einwohnung Christi in der Gemeinschaft der Glaubenden und in jedem Einzelnen von ihnen, der Paulus mit dem Begriffspaar „in Christus“ und „Christus in uns“ Ausdruck verlieh. Ihm war der Auferstandene in seiner Damaskusvision zum Lebensinhalt geworden, so daß er in ihm sich fand und zu sich kam. Gleichzeitig wußte er sich von ihm wie von einer Sphäre umhüllt, in der er, der ewig Rastlose und Umgetriebene, zur Ruhe kam und die sonst vergeblich gesuchte Geborgenheit fand. Doch Paulus steht dafür ein, daß das auch das Ziel

eines jeden konsequent gelebten Glaubens ist. Wer lebendig glaubt, hat die trennenden Grenzen, die ihn beständig beengen, überwunden und mit ihnen zusammen jene Distanz, die Gott in eine scheinbar unüberbrückbare Ferne zu rücken schien. Denn der Glaube hat ihn Gott nahegebracht; und er, der vermeintlich Ferne, hat ihn an sein Herz gezogen, als sein Kind angenommen. So ist die Not der Gottesferne dem Glück der Nähe und Geborgenheit in seiner Liebe gewichen. Und was kann man sich vom Glauben Größeres erhoffen?

Der Gott des freien Geleits

Christentum als Phänomen und Leitmotiv

von Elmar Salmann OSB

Dem Menschen von heute ist es zugemutet, im Übergang zu leben, Bruchstellen zu bewohnen, gastfrei zu sein gegenüber dem Ungebetenen. Er ist einsamer, auf sich gestellter und zugleich weltoffener als frühere Generationen, muß sich ständig neu definieren. Von daher kann er absolute Wahrheiten, die sich von außen auferlegen, nur schwer ertragen. Alles Doktrinäre, fraglos Anzunehmende erscheint ihm als verblasene Ideologie, als bedrückendes Nichts, als hohle Anmaßung. Seltsamerweise präsentiert sich ausgerechnet das Christentum, also die Religion des Kreuzes und der neuen Freiheit, immer noch als ehernes Wahrheitsgefüge mit erheblichem Anspruch; demzufolge reagiert man in kirchlichen Kreisen oft mit weinerlicher Aggressivität auf die gegenwärtige Gesellschaft. Wie nun, wenn wir den christlichen Glauben einmal nicht als vorgesetzte Wahrheit, sondern eher als Einladung und Möglichkeit, als Vorgabe und Versprechen von gelungenem Leben, ja als Motiv des Sehens, Erzählens, Deutens, Wollens vergegenwärtigten, als musikalisches Thema, als unerschöpflich reiche Landschaft, die es zu begehen gilt? In einer solchen vorsichtigen und gastfreien Weise würde man vielleicht eher jenes Gottes ansichtig, der selber freies Geleit gibt; und, des Bruches der Zeiten eingedenk, könnte man die christlichen Mysterien neu sehen, enthalten sie doch in sich zerbrechliche, nie ganz zu fassende Brüche und Übergänge: man denke an die Geheimnisse von Trinität, Schöpfung, Gnade, Tod und Erstehung, an das Verhältnis von Altem und Neuem Bund, Christus und Kirche. Da ist Vieles, ja Alles offen, muß immer neu bedacht und begangen werden, um als freiende Wahrheit aufzuleuchten. Ob nicht am Ende unsere Gebrochenheit und Vielschichtigkeit dem christlichen Mysterium mehr entspricht als ein allzu geschlossenes Weltbild? Könnte die derzeitige Lage nicht als Chance be- und ergriffen werden, es anders und neu zu sehen und zu leben: eben als freies Geleit, als Motiv und Fluchtpunkt des Lebens?

Christentum als Phänomen. Der Bruch eröffnet Außenperspektiven, neue Möglichkeiten des Zugangs, läßt das Christentum als Motiv und Phänomen erscheinen. Zunächst wird es in seiner geschichtlichen Gestalt, seiner Merk- wie Fragwürdigkeit, seinem unerschöpflichen Reichtum, also als kulturelles, soziales, mystisches und religiöses Phänomen vor uns erstehen. Ein wenig von dem erstaunten Blick eines Heiden der Antike, eines Goethe, Hegel oder Schleiermacher, eines Barockmalers oder eines modernen Literaten, endlich eines Menschen, der, wie heute im Osten leicht denkbar, es zum ersten Male entdeckte, wäre dem heutigen Christen wahrlich zu wünschen: Christentum nicht als drückende Altlast, sondern als lohnendes Terrain einer Entdeckungsreise, so könnte unsere Unbildung und Ferne zu ihm einen frischen, unverstaubten Kontakt ermöglichen.

Das gilt selbst von der Gestalt Jesu. Dieser ist ja zum Glück kein Philosoph oder Chefideologe, der sich dogmatisch fest- und auferlegte, vielmehr spiegelt er sich in den Evangelien, sodann in der Geschichte von Theologie und Frömmigkeit auf frappierend unterschiedliche Weise. Jede Zeit und Lebenswelt kann und muß ihn neu entdecken und deuten, anders ein Papst oder Bauer des Mittelalters, anders ein Angestellter oder Pfarrer von heute. Und jedesmal muß sein Bild gereinigt werden, damit es wirklich zum Aufscheinen seiner Gegenwart kommt: es gilt, bis an den Punkt vorzustoßen, wo er nicht nur Phantom, eine Projektion unserer Wunschwelt ist, sondern beginnt, unserer Vorstellung zu widersprechen, sie zu korrigieren; es eröffnet sich ein unabschließbarer Prozeß zwischen Bild, Phänomen und Wahrheit, den jede Zeit und jeder Mensch durchläuft. Mit einem Urphänomen kommt man an kein Ende, es gibt immer neu zu denken – und gebietet und verheißt Leben. Ob Meister Eckhart oder die ignatianischen Exerzitien, ob die Theologien Rahners oder Balthasars, ob die Lebenspraxis eines Thomas Merton oder einer Mutter Theresa, immer geht es darum, von der Projektion zum Lebensprojekt, vom Lebensprojekt zu einem Ur- und Vorbild vorzudringen, an dem sich ein Jeder zu messen hat, weil an ihm die Güte und Mächtigkeit Gottes aufscheint. So gelangen wir vom bloßen Phänomen zum 'phainestai', zum aufblitzenden Erscheinen einer Wahrheit, die freilich darin auch stets unfaßbar bleibt.

Christentum als ästhetisches Motiv. Unstreitig ist seit dem Mittalter die christliche Religion vorab von Bild und Architektur, in Raum und Dar-

Johannes vom Kreuz

„Wo hast du dich verborgen, Geliebter, und hast mich mit Seufzen zurückgelassen?“ – „Wenn der Mensch Gott sucht, viel mehr noch sucht Gott den Menschen.“ (aus: *Geistlicher Gesang; Flamme lebendiger Liebe*)

stellung vergegenwärtigt worden. Es gab da etwas zu sehen, im Blick erbildete sich die Weltschau des Gläubigen. Was wäre die Kunstgeschichte Europas ohne die christlichen Motive, was der Glaube ohne seine Anschaulichkeit? Seit Bernhard und Franziskus, der Wende zur Liebesmystik und einem schöpfungsfreudigen Humanismus, wird die Gestalt Christi, sein Geschick von der Krippe bis zum Kreuz, ja die gesamte Heilsgeschichte in Bilderzyklen dem Betrachter nahelegt. Welch ein Weg von Giotto bis Tintoretto! Und selbst die Wendung des Christlichen ins Abstrakte und Anonyme wie auch ins rein Menschliche findet noch seine Darstellung, von C. D. Friedrich bis Matisse, Le Corbusier oder Nolde und Dix. Wie gern würde man den Gesprächen zwischen den Romantikern Schleiermacher und Friedrich über den Tetschener Altar oder den „Mönch am Meer“ gelauscht haben. Und da sind die Kathedralen und Kirchen, endlich die Musik, der Weg von der Gregorianik über die frühe Mehrstimmigkeit bis zu den Messen Mozarts und dem „Requiem auf einen jungen Dichter“ von Bernd Alois Zimmermann. Christentum spricht keineswegs nur den Intellekt an, sondern will vernommen, erschaut, gefühlt werden. Und vielleicht sollten wir uns ihm so, indirekt, uns langsam in seine Gegenwart einfühlend, nähern.

Aber da ist noch mehr zu sagen. Es braucht, um in Zeiten des Bruchs und Übergangs verstanden zu werden, eine Freude am Versuch, an der freien Einbildungskraft, die Vernunft und Glauben ansprächen. Christentum ist gelebte, imaginierte Analogie, Spiel der Symbole. Über Anfang und Ende der Welt, Geburt und Tod des Logos gibt es kaum objektive Kunde; es handelt sich vielmehr vornehmlich um Bilder der Erlösung, die bei allem gebotenen Ernst doch auch zu einer Luftreise der Phantasie einladen, die zwar nicht ohne das Geleit der biblischen Landkarte bleiben kann, aber doch weit über deren dogmatischen Gebrauch hinausreicht. Kant hat uns wiederholt in seinen kleineren Schriften zu einem solchen freien Gebrauch der Phantasie verführt, der auch der Vernunft ‘mehr’ zu denken gibt und sie dadurch allererst zur Raison bringt. Ästhetik und Theologie haben es mit freier Schönheit zu tun, die von allem Zweck absieht und darin neue, schöpferische Freiheit weckt. Da ist sogar die Sittlichkeit nicht lastendes Gesetz, sondern Gebot der Freiheit, die sich noch selbst entdecken muß. Und Gott wäre Garant, Raum, Fluchtperspektive einer solchen Lebensgebärde, in der sich Ethos, Glaube und Ästhetik versammelten.

Dichtung, Malerei, Architektur könnten wie die Liturgie als lebendige Orte der Gott-Gegenwart erscheinen, in denen sich etwas von seiner Herrlichkeit und Güte auslegt. Denn welchen Wert hätte es, von ihm zu sprechen, wenn Er sich nicht als Inbild und Raum künstlerischer Darstellung und Wahrnehmung offenbarte?

Christentum als Motiv von Erzählung. Anfänge und Abstürze, Scheitern und Erstehen, Geburt und Tod, Leiden und Erlösung lassen sich nicht systematisch fassen, sondern wollen erzählt, erinnert, ausgelegt, angesagt werden. Deswegen ist Christentum Ort, Gegenstand und Subjekt einer story, in der es sich selbst erbildet; es lebt fort in trostvollen und gefährlichen Erzählungen; Theologie ist somit eine Fassung von Literatur – und diese eine anonyme Realisierung von Theologie. Die Erzählung spielt immer zwischen Ereignis und Existenz, transponiert das gewährte und erlittene Leben ins Wort, welches wiederum ins Leben spricht, es anspricht auf neue Möglichkeiten hin. Erst recht ist das Christentum, das Unsagbares und Unsägliches auslebt und darstellt, nämlich die zeitliche Geburt, die heilende Praxis, die prophetische Kritik und endlich den schmählichen Tod und die Erstehung des Ewigen Wortes, eine der Erzählung und Deutung bedürfende Religion, gerade wegen seiner Einmaligkeit (Hermetik) ein hermeneutisches Geschehen. Sein Wesen gibt sich nur im Wort, das für den Menschen zugleich Zu-, An- und Widerspruch bedeutet. Und diese wissen viel und zugleich sehr pointiert Genaues zu erzählen, man denke nur an die kleinen Bruchstücke, aus denen die Evangelien bestehen. Jedes von ihnen ist wie eine Tonscherbe, in denen sich das Licht des Ewigen spiegelt und bricht.

Von daher die Vielfalt dieses Wortes, das immer einer besonderen Situation entspringt: Prophetie und Erzählung, Gebot und Gebet, weisheitliche Spekulation und kultische Anordnung, Legende oder Brief, immer legt sich derselbe Gott in unerwarteter Form neu aus – weniger als Urgrund oder Fundament denn als gemeinsamer Fluchtpunkt und Sinnhorizont; wie auch Jesus nicht eigentlich der Gründer oder Stifter der Kirche ist, sondern mehr ihr Referenzpunkt, auf den hin sie sich ausrichtet und von dem her sie gerichtet und gehalten wird. Erst von Gott her erhalten die verschiedenen Geschichten aus der Wüste, dem Berg Sinai, dem Land Kanaan, dem Exil, erst von Jesus her die verschiedenen Formen der Nachfolge ihre überraschende Einheit. Und umgekehrt erscheinen beide in nicht auszulotendem Reichtum und polaren Bildern: da ist der Gott der Nomaden und Seßhaften, der Könige und Propheten, der Weisheit und der Apokalypse; *und* Jesus erscheint als Knabe, Handwerker, Verbrecher, Opfer; als Herr und Knecht, verlorener Sohn und gütiger Vater, als Weisheit und Tor, Tür und Hirte, als Gottes- und Menschensohn, verkannter Clown und unfaßliche Wahrheit, als Haupt und Leib der Kirche, Weinstock und Bräutigam, in einer Fülle von Parabeln und Gesten, die je anders in das menschliche Leben hinein- und sich ihm zusprechen. All dies muß immer neu geschmeckt, nacherzählt, imaginiert, erfunden, ausgelegt und ausgelebt werden, anders ist Christentum nicht; Dogma und Moral sind nur ein entfernter Niederschlag solchen Wortgeschehens.

Christentum als Motiv der Auslegung. Stile widerstreiten einander nicht, sondern bedürfen der Auslegung, der Erschließung ihrer Eigenart, ihres besonderen Blickpunktes. Hermetik, der Sinn für das Eigenartige, Unmitteilbare eines Vorgangs oder einer Gestalt, und Hermeneutik, die Nötigung zur Auslegung, wachsen an- und miteinander. Das gilt besonders für Beginn und Beschluß, die Brüche und Übergänge der Zeiten und Biographien, sie sind nur von tief innen und aus äußerster Ferne ersichtlich, gleichsam aus der Einsicht in ihre Genese und eines Jüngsten Gerichts, die sich menschlichem Urteil letztlich entziehen. Und es ist vor allem die Auferstehung als Fluchtpunkt und Lichtquelle, welche in sich völlig unzugänglich bleibt und doch das entscheidende Licht auf die vorösterliche Existenz Jesu wie die von ihm her sich konstituierende Kirche wirft. Und jeder empfängt dieses Licht anders, jede Ein-Sicht ist hier absolut und relativ. Da hat Petrus ebenso recht wie Paulus oder Johannes, Augustinus wie Origenes, Innozenz III. wie Franziskus, Balthasar wie Küng. Jeder reflektiert in sich das Ganze und ist nur wahr als/im Kontrast zu den anderen Zeugen. Und man wird jede andere Auslegung nur von ferne grüßen und zugleich als schmerzliche und befreiende Anfrage erleben können.

Wie nähmen sich Dogmengeschichte, Ökumene oder innerkirchlicher Verhaltensstil aus, wenn sie diese einfachen Grundgesetze des hermeneutischen Taktgefühls beherzigten, wenn es hieße: du hast vielleicht ebenso recht wie ich; ich kann von dir lernen; jeder muß die Einsamkeit seines Absolut-vor-Gott-Seins tragen und dem anderen fremd bleiben? Wie viel an unnötigem Leiden, falscher Verhärtung und schiefer Nachgiebigkeit würden wir uns da ersparen, wie erfreut jede Wahlverwandtschaft gutheißen!

Christentum als Symbolgeschehen. Brüche, Spaltungen, Übergänge sind die Voraussetzung für jede symbolische Vermittlung, die Suche nach möglicher Einung, Zusammenfügung, Übersetzung. Christentum als Religion von Tod und Erstehung ist dauernd gezeichnet von der Brechung und Heilung von Sinngestalt; es unterminiert geschlossene Vorstellungswelten, ideologische Gebilde und Mächte, heilt hingegen alles Zerrissene, Zwiespältige, an sich Leidende, sucht es aufzurichten. Es ist deshalb kein Zufall, daß der Meister des Evangeliums keine Lehre hinterlassen hat, vielmehr hat er sich in Gleichnissen und Zeichenhandlungen ausgedrückt, deren Einlösung noch aussteht. Mit ihnen hat er zunächst Spaltung und Entsicherung bewirkt, Menschen aus den ihnen vertrauten familiären, sozialen, religiösen Welten herausgerissen, sie befremdet, oft an sich selbst irre werden lassen. Das Gleichnis von den Arbeitern im Weinberg oder vom ungetreuen Verwalter reißt wie die Bergpredigt Breschen in die festgefügte Logik von Denken und Verhalten der Menschen, macht den Bruch zwischen Gott und Welt, Gesetz und Gnade, Moral und Religion, Religion und Gegenwart Gottes allererst sichtbar. Und gerade darin erscheint das banale Leben als Metapher, als Übergang, Verweis, Symbol auf ein unerwartbares Gelingen, eine Gnade der Vollendung. Alles kann da als Spur gelesen werden, die auf ein Ziel verweist, als Wink auf noch Ungelebtes, als Anfang einer größeren Freiheit. In solchem Geschehen spiegelt sich der Gott, der dem Leben freies Geleit, Raum zum Wachsen und zur Fruchtbarkeit einräumem möchte. Beide Bewegungen, die Freude Gottes am Leben des Menschen wie die des Menschen am Ursprung und Horizont seiner Entfaltung, an seinem Gott, kreuzen sich in der Gestalt Jesu, dem Ursymbol erlittener Einheit.

Christentum als musikalisches Motiv. Die sichtbare Gestalt Jesu ist vergangen, es bleibt jener Geist, der ihn beseelte, antrieb, ihn mit seinem Gott und den Menschen vereinte. Eine unsichtbare und doch überall zu vernehmende Gegenwart. Man könnte den Geist, das Pneuma als die Musikalität Gottes bezeichnen, in dem auch die entgegengesetzten Motive zusammenstimmen; als Orgelton, der alle Melodien unterfängt. Oft ist es schwer, im Gewirr der Stimmen, Laute und Geräusche die Leitmotive eines Lebens, gar der Geschichte zu vernehmen; dennoch muß es sie geben, wenn anders wir noch die Zeugen der Vergangenheit, Menschen aus verschiedensten Nationen und Schichten verstehen können. Da gibt es eine Tonart, auf die wir alle gestimmt sind, in der wir über-einstimmen, einander zustimmen können; eine Schwingung, die die Übertragung zwischen den Sphären ermöglicht. Wie anders könnte man von einer Identität der Tradition inmitten noch so großer Verschiedenheit, ja auch nur von der Einheit der Lebensparabel einer Person sprechen? Alles Verstehen steht da unter der Gnade und dem Gericht des Geistes. Ein geistlicher Sinn wird dessen Vibration wahrnehmen und sich von ihm tragen lassen. Wie, wenn wir dem mehr vertrauten, wenn die Zeiten, Konfessionen, theologischen Schulen einander grüßen könnten, in der Hoffnung, daß eine jede ein Leitmotiv zum Gelingen der Geschichtsoper beitragen möge? Wie endlich, wenn wir darum wüßten, daß auch die christliche Religion sich wohl eher in Musik, Bewegung, der Teilnahme am Ritus und Begehung von Festen, also die fast unmerkliche Übertragung von Gesten und Anschauung tradiert – als durch Predigt und kirchliche Weisung?

Christentum als Praxis. Entzweiung und Heilung vollziehen sich nicht primär in Theorie und Bekenntnis, sondern als und in Praxis, in anonymer Verwirklichung, die oft kaum um sich selbst weiß. Erst recht dem Christentum geht es gar nicht um sich selbst, um seine Selbstbehauptung und -tradierung, sondern um die Wandlung der Welt und des menschlichen Herzens, um die Freude an der Phantasie des Möglichen, die Meisterung von Leid und Steigerung schöpferischer Präsenz, selbst wenn Gestalt und Gegenwart Christi dabei unerkannt blieben. Ja es scheint, daß solche Anonymität und indirekte Wirksamkeit dem kenotisch-gebrochenen Charakter seiner Anfänge eher entsprechen als jede triumphale Selbstdarstellung. Die christliche Religion realisiert sich als sinnliche, dialogische, verwundbare, von Leid und Freude beeindruckte Praxis; sie weiß um die Vorläufigkeit und Bestreitbarkeit jeder Erscheinung des Lebens und hält gerade darin dessen symbolische Spannung aufrecht. Sie weiß alles anzunehmen, ohne fatalistisch zu werden, glaubt an die Wandlungsmöglichkeit von Leben und Zuständen, ohne dem Wahn der Veränderung von allem und jedem zu verfallen, gibt vielmehr jedem Menschen, jeder Gesellschaft und Zeit Geleit, steht ihnen bei, widersteht sanft und bestimmt ihrer Tendenz zur Selbstverabsolutierung, ermutigt sie, ihrer selbst und der eigenen Schuld wie der noch unerschlossenen Möglichkeiten inne zu sein, die noch auf sie warten.

Der (un)mögliche Gott, der kein Götze wäre. Jede Zeit schafft sich ihre Götzen. Frühere Generationen haben sich blind Ritualien, Dogmen, bisweilen grausam verzerrten Gottesbildern unterworfen. Es ging da die Rede vom Vatergott, der alle beäuge und richte; es waltete die Vorstellung von Höllenstrafen, Erlösung durch das Blut, der unbezahlbaren Schuld der Menschen, gar der Juden, man sprach von Gottesmord, Befleckung durch die Sexualität und – im Gegenhalt dazu – von der unbefleckten Reinheit des Jungfräulichen. All das wurde keineswegs objektiv zu glauben vorgelegt, der Vorstellung eingepreßt. Heute huldigen wir ganz anderen Göttern: Toleranz und Pluralität, Effizienz und Gesundheit, Wissenschaft und Wirtschaft bestimmen die intimen Wertvorstellungen der Menschen. Und wehe dem, der nicht restlos offen, gewaltfrei ist oder so tut, als sei er es; nicht fit, kommunikativ, stromlinienförmig angepaßt. Wenn wir mit einem Blick sehen könnten, was da an neuer Sklaverei entstanden ist ... Jeder Götze ist grausam, unmenschlich, uniform, eine Fratze der Freiheit.
Dagegen der Gott des Christentums, der jeglichem Götzen widerstreitet, an das Ungelebte, Verdrängte, den Kaufpreis jeglicher Lebenswahl erinnert. Wie, wenn es doch Wahrheit und eine innere Einheit der Menschen gäbe; wie, wenn Ineffizienz, Krankheit, Scheitern Ort der Gottbegegnung und menschlicher Verwirklichung wären; wie, wenn Armut oder Wirtschaftskrisen nicht schon eschatologisches Unheil brächten, wenn Minderung vielmehr die Tür für Anderes öffnete? Und müßte sich nicht der Mensch neu definieren, nicht nur von der Lohnarbeit her? Wie endlich, wenn die Politiker ihre allen offenkundige Ratlosigkeit eingestehen könnten? Und sind wir nicht alle, Bischöfe und Grüne, Russen und Deutsche, Wirtschaftsleute und Schöngeistige, Biogenetiker und Bauern, von einer solchen Ratlosigkeit befallen? Gibt es noch jemanden, der wüßte, wie es auch nur weitergehen, der sich ein Leben in zehn oder zwanzig Jahren vorstellen könnte, von der Tatsache ungeheurer Vernetzung einmal abgesehen? Aber wer lauschte auch nur auf den geheimen Doppelsinn dieses magischen Wortes? Und wer vermöchte in unserer Kirche nur von ferne so etwas wie eine abenteuer- und erwartungsfrohe Ratlosigkeit aufkommen lassen? Wäre sie aber nicht genau an der Zeit?

Dazu müßten wir freilich auf einen Gott setzen, der kein Götze, kein Überbau über unsere zu klein berechneten Hoffnungen und Ängste, kein Schlußpunkt und Alleslöser wäre. Der christliche Gott erschließt sich allenfalls den Menschen, die eine Schwäche haben für die Welt, den anderen – und darin für den Gott, der seinerseits schwach geworden ist für jene. Ein solcher Gott durchbricht das Maß unserer kleinen alternden Welt, läßt sich in keinem Konzept einfangen, von keinem Glimmer betören; er ist als unvordenklicher Urbeginn jeweils neu Gegenwart, Horizont, Trost, Raum, Anspruch und deshalb wohltuende Leichterung des Daseins: Wir müssen nicht Gott, sondern dürfen endliche Erdenklöße sein, unnütze Knechte in einem Weinberg, der uns nicht gehört, und von dessen Früchten wir einstweilen leben; das Leben ist uns auf Zeit gestundet, selbst unser Leib, unsere Intelligenz sind uns nur zu Lehen gegeben, sie können uns jederzeit genommen – aber mehr noch immer neu und unerwartet zugesprochen werden: so ungefähr mag heute die lösende Botschaft des Christentums lauten. Und die Kirche, die dieser entspräche: sie könnte tapfer und froh Minorität sein, ohne zur Sekte zu werden – anstatt, wie heute so oft, am Anspruch, noch alle erfassen zu wollen, zu leiden und dabei in einer Sprache zu reden, die niemand mehr versteht, oder Feiertage einzufordern, die kaum jemand mehr begehen kann. Womöglich hätte die Kirche mehr zu sagen, wenn sie weniger an Alt-Rechten beanspruchte.

Christentum als Willensmotiv und freie Zugabe. Am Anfang und am Ende, den Bruchstellen, Übergängen und Entscheidungssituationen des Lebens steht der Mensch vor dem Abgrund seiner Freiheit, dem Schwindel der Möglichkeiten und der Enge seiner Wirklichkeit, dem Zwiespalt zwischen Müssen und doch nicht Können, einem Willen also, der sich selbst nicht trauen und wählen mag. Dieser Widerspruch, den jeder in sich trägt, läßt so verschiedene Autoren wie Pascal, Kant, Kierkegaard und Blondel an den Sprung in den Ur-sprung der Gnade denken, die zur Vollendung des Lebens und Wollens ebenso notwendig wie unerschwinglich sei. Man müsse, so heißt es, auf sie hoffen, könne an sie appellieren, auf sie setzen und vor allem sich so benehmen, als ob man ihrer würdig und teilhaft werden könnte. Christentum erscheint hier als offene Wette, als Möglichkeit, als befreiendes Potential und Postulat, als Gnade, so weit sie eben 'von unten' ersichtlich und erfindlich ist. Die offene Wunde, die der Mensch ist, schließt sich nicht, sondern erweist sich als positive 'potentia', die zu denken und zu hoffen gibt, als Anlaß zu demütigem Gebet und starkmütiger Ausschau. Der christliche Glaube erscheint so als freie Vor- und Zugabe, als befreiende Möglichkeit und unentbehrliches Ergänzungsstück, mit aller Offenheit der Hypothese, des 'als ob', der wünschenswerten Einlösung. Er legt sich nicht als Dogma auf, sondern als Motiv nahe, mit jener Liebenswürdigkeit, die sich auf freie Weise ans Herz legt und Weisheit, Liebe, Großmut weckt, welche ihrerseits Kriterien des Christentums sind. Gnade kann nicht demonstriert, anbefohlen, diktiert, systematisiert werden, sie muß mit dem Charme, der Grazie, der bleibenden Schwebe und Abständigkeit der freien Gabe und Annahme einherkommen, sich schutzlos, freigiebig, anständig darbieten. Wie sähe ein Christentum aus, das diese Maxime in sich und die Weise seiner Darlebung aufnähme? Wie, wenn es sich als solche liebenswerte Verheißung und Zugabe gelungenen Lebens, als inspirierende Anregung und Ermutigung präsentierte; nicht als Hauptsatz, als einzig Notwendiges, sondern eben als Zu-satz des Lebens: freilich nicht als beliebiger Versatz, sondern als faszinierende Macht der Erschließung von Wirklichkeit, der Weitung und Verabgründung von Welten – in freier Konkurrenz zu anderen Anschauungen. Nicht als die allgemeine Existenz-Suppe, sondern als ihr Gewürz, das allem Geschmack verliehe. Und es hätte einfach der ein Mehr an Wahrheit, der unser überfordertes Leben besser verstehen und eben – leben hieße.

Man sieht, Moderne, und wir konnten uns hier weitgehend an Kant und sein Taktgefühl halten, und Postmoderne sind einander gar nicht so fremd, und erst recht haben beide dem Christentum etwas zu sagen – und hätten erst recht viel von ihm zu empfangen, so sich der christliche Glaube nur freier bewegte, auf die Vielfalt seiner geschichtlichen Motive achtete und sie liebenswerter darböte. Denn Gott hat die Welt kaum dazu geschaffen, daß sie endlos leide, sondern damit sie sich ihres Lebens vor Gott erfreuen könne.

Gottesstärke

Über Angst und Vertrauen auf Gottes ferne Macht im Alten Testament

von Erich Zenger

Im Vorwort zu seinem 1953 veröffentlichten Essay „Gottesfinsternis“ erzählt Martin Buber von einem Streitgespräch, das zwischen ihm und einem Philosophen ausbrach, als Buber diesem aus seinem jüngsten Buch vorlas.

„Wie bringen Sie das fertig, so Mal um Mal ‘Gott’ zu sagen?“, kommentierte der Philosoph die Rezitation Martin Bubers. „Wie können Sie erwarten, daß Ihre Leser das Wort in der Bedeutung aufnehmen, in der Sie es aufgenommen wissen wollen? Was Sie damit meinen, ist doch über alles menschliche Greifen und Ergreifen erhoben, eben dieses Erhobensein meinen Sie; aber indem Sie es aussprechen, werfen Sie es dem menschlichen Zugriff hin. Welches Wort der Menschensprache ist so mißbraucht, so befleckt, so geschändet worden wie dieses! All das schuldlose Blut, das um es vergossen wurde, hat ihm seinen Glanz geraubt. All die Ungerechtigkeit, die zu decken es herhalten mußte, hat ihm sein Gepräge verwischt.“ „Ja“, so antwortete Martin Buber auf diesen Protest, „ja ... es ist das beladenste aller Menschenworte. Keines ist so besudelt, so zerfetzt worden. Gerade deshalb darf ich darauf nicht verzichten. Die Geschlechter der Menschen haben die Last ihres geängstigten Lebens auf dieses Wort gewälzt und es zu Boden gedrückt; es liegt im Staub und trägt ihrer aller Last. Die Geschlechter der Menschen mit ihren Religionsparteiungen haben das Wort zerrissen; sie haben dafür getötet und sind dafür gestorben; es trägt ihrer aller Fingerspur und ihrer aller Blut. Wo fände ich ein Wort, das ihm gliche, um das Höchste zu bezeichnen! ... Wie gut läßt es sich verstehen, daß manche vorschlagen, eine Zeit über von den ‘letzten Dingen’ zu schweigen, damit die mißbrauchten Worte erlöst werden! Aber *so* sind sie nicht zu erlösen. Wir können das Wort ‘Gott’ nicht reinwaschen, und wir können es nicht ganzmachen; aber wir können es, befleckt und zerfetzt, wie es ist, vom Boden erheben und aufrichten über einer Stunde großer Sorge“ (Martin

Buber, Gottesfinsternis. Betrachtungen zur Beziehung zwischen Religion und Philosophie, in: Martin Buber, Werke, 1. Band, Schriften zur Philosophie, München und Heidelberg 1962, 508-510).

In der Tat: Das Wort Gott ist mißbraucht und, so scheint es vielen, auch verbraucht. Es liegt am Boden oder ist zur banalen Floskel verkommen. Es hat seine Kraft und seine Irritation verloren. Selbst die Theologie scheint diesem Wort gegenüber eher hilflos geworden zu sein. Die „Gotteskrise" ist zum Stigma der Kirchen geworden.

Woher nehmen wir dann den Mut oder die Chuzpe, angesichts der reflektierten, der propagierten oder der faktischen Gottesvertreibung aus der säkularen Welt immer noch von Gott zu reden? Was eigentlich hält uns davon ab, in den lauten oder stillen Choral der Moderne vom Tode Gottes einzustimmen? Warum halten wir an der Rede von Gott fest, nicht mit geschlossenen Augen, sondern mit offenen Augen gegenüber den Leiden unserer Welt und Geschichte?

Wir wollen uns diesen Fragen aussetzen, indem wir sie an den ersten Teil unserer Bibel, an das sogenannte Alte Testament, weitergeben. Im Gottesfragen und im Gotteszeugnis der alttestamentlichen Menschen wollen wir uns dem Gottgeheimnis nähern, wohl wissend, daß zwischen ihnen und uns der Graben einer über zweitausendjährigen Geschichte liegt. Und doch kann uns ihre Gottesleidenschaft anstecken. Vor allem jene Leidenschaft, mit der sie an ihrem Gott festhielten, wo eigentlich alles gegen diesen Gott sprach. Weil sie die Gottesferne nicht als Gottesabsage, sondern als Herausforderung zur Gottessuche realisiert haben, haben sie uns zweifelnden Zeitgenossen etwas zu sagen.

Weil die alttestamentlichen Menschen überzeugt waren und bleiben wollten, daß in und hinter allem, was mit ihnen geschieht, der LEBENDIGE Gott gestalterisch am Werk oder betroffen ist, stürzte die Erfahrung von Leid sie in eine schier undurchdringliche Nacht des Zweifels und der Verzweiflung. Da es ihnen verwehrt war und sie es sich selbst versagten, vordergründig hilfreiche Ausflüchte dergestalt zu suchen, daß solche Nächte desrauens mit ihrem Gott nichts zu tun hätten, weil sie das Werk anderer Götter, die Macht eines anonymen Schicksals oder eben die grausame Tat von Menschen seien, da sie also nicht nur das Gute, sondern auch das Schwere und das Böse im Angesicht ihres Gottes bestehen wollten und mußten, gibt es im Alten Testament nicht nur das begeistert glückliche Ja zum LEBENDIGEN Gott, sondern massive leidenschaftliche Rückfragen an diesen Gott.

Blick vom Himmel herab, und sieh her
von deiner heiligen, herrlichen Wohnung!
Wo ist dein leidenschaftlicher Eifer
und deine Macht,
dein großes Mitleid und dein Erbarmen?
Halte dich nicht von uns fern!
Du bist doch unser Vater;
denn Abraham weiß nichts von uns,
Israel will uns nicht kennen.
Du, Herr, bist unser Vater,
„Unser Erlöser von jeher", wirst du genannt.
Warum läßt du uns, Herr, von deinen Wegen abirren
und machst unser Herz hart,
so daß wir dich nicht mehr fürchten?
Uns geht es, als wärest du nie unser Herrscher gewesen,
als wären wir nicht nach deinem Namen benannt.
Reiß doch den Himmel auf, und komm herab,
so daß die Berge zittern vor dir.
Komm wie ein Feuer, das Reisig entzündet,
wie ein Feuer, das Wasser zum Sieden bringt.
Mach deinen Feinden deinen Namen bekannt,
so daß die Völker zittern vor dir (Jesaja 63, 15-17.19; 64,1).

Dieser Abschnitt aus dem Jesajabuch ist einer der tiefgründigsten Texte der Bibel über Gott. Genaugenommen ist es kein Text *über* Gott, weder eine Erzählung über ein Handeln Gottes noch eine Meditation oder Reflexion über Gott. Dieser biblische Text ist eine Rede *zu* Gott. Er ist ein Gebet, ein Psalm. Noch genauer: Er ist Bitte und Klage. Er ist Anklage Gottes. Er ist Streiten mit Gott. Er ist leidenschaftliche Rückfrage an Gott. Dieser Text ist zutiefst Gottespassion: Ausdruck des Leidens an Gott, das einer rätselhaften Leidenschaft für Gott entspringt.
Ich zögere nicht zu behaupten: Nur wer *so* das Wort Gott in den Mund nimmt, tut etwas von dem, was Martin Buber meinte, als er sagte: „Wir können das Wort 'Gott' nicht reinwaschen, und wir können es nicht ganzmachen, aber wir können es, befleckt und zerfetzt, wie es ist, vom Boden erheben und aufrichten über einer Stunde großer Sorge."

Der Prophet Elija in der Wüste

„Elija ging eine Tagesreise weit in die Wüste hinein. Dort setzte er sich unter einen Ginsterstrauch und wünschte sich den Tod. ... Doch ein Engel rührte ihn an und sprach: ‘Steh auf und iß! Sonst ist der Weg zu weit für dich!’ Da stand er auf, aß und trank und wanderte, durch diese Speise gestärkt, vierzig Tage und vierzig Nächte bis zum Gottesberg Horeb.“ (vgl. *1 Könige 19, 3-8*)

Wie kommt in diesem Text des Jesajabuchs Gott zur Sprache? Auf keinen Fall so, daß – wie oft und leichthin gesagt wird – Gott die Antwort auf alle Fragen ist. Im Gegenteil: Dieses Gebet stellt jene Fragen, auf die es keine Antwort gibt. Es stellt Fragen, auf die niemand eine Antwort geben kann. Es stellt Fragen, auf die auch Gott keine Antwort ist – so er denn Gott ist und nicht das Bild, das wir uns von ihm machen.

Franz Kafka soll einmal gesagt haben, er wisse nicht, was Theologie sei, was Reden 'über' Gott sei. Wenn überhaupt, so könne man doch nur 'zu' Gott reden. Hier ist Entscheidendes über den Ursprung der Theologie gesagt. Denn „die Rede von Gott stammt allemal aus der Rede zu Gott, die theologische Rede über Gott stammt aus der Sprache der Gebete“ (J. B. Metz, Wie rede ich von Gott angesichts der säkularen Welt?, in: J. B. Metz u. a., Die Gottesrede von Juden und Christen unter den Herausforderungen der säkularen Welt, Münster 1997, 29) – und zwar in der Gestalt der Frage und des Schreis, der Gott-Suche und des Gott-Vermissens:

Wo ist dein leidenschaftlicher Eifer und deine Macht,
dein großes Mitleid und dein Erbarmen? ...
Warum läßt du uns von deinen Wegen abirren
und machst unser Herz hart,
so daß wir dich nicht mehr fürchten? (Jesaja 63, 15.17)

Das ist ein ungeheuerlicher Vorwurf: Du selbst, unser Gott, schickst uns auf die falschen Wege. Die dieses Gebet sprechen, wissen zwar um ihre Schuld und bekennen sie, aber sie behaften zugleich ihren Gott mit seinem negativen Handeln:

Siehe, du hast gezürnt,
und dann haben wir gesündigt ...
Keiner ruft deinen Namen an,
regt sich, um an dir festzuhalten,
denn du hast dein Gesicht vor uns verborgen
und uns preisgegeben in die Gewalt unserer Schuld (Jesaja 64, 4.6).

Hier werden die uns geläufigen theologischen Denkmuster auf den Kopf gestellt. Falls *wir* menschliche Schuld und göttlichen Zorn zusammendenken, dann höchstens so, daß Gottes Zorn auf menschliche Schuld reagiert. Die Beter unseres Psalms drehen die Folge einfach um: Sie machen Gott verantwortlich für ihre fortdauernde Schuld. Deshalb kulminiert ihre Gottesrede in der provozierenden Frage und Bitte:

Kannst du dich bei all dem zurückhalten, LEBENDIGER,
kannst du schweigen und uns so sehr erniedrigen?
Kehre doch um, deiner Knechte wegen,
der Stämme wegen, die dein Eigentum sind! (Jesaja 64, 11; 63, 17)

Das ist der am jüdischen Versöhnungstag, dem Jom Kippur, Gott entgegengehaltene Schrei: „Kehre du um, so daß auch wir umkehren können!" Dieser Schrei hält an Gott fest, sucht Gott, beschwört Gott, wo alles gegen Gott spricht. Es ist der Schrei von Menschen, die Gott suchen, weil sie ohne diese Gottes-Sehnsucht nicht leben können und wollen.

An diesem biblischen Text können wir sehen: Es gibt eine Beziehung zu Gott, in der der ferne Gott zur Lebenskraft wird – und zwar als der leidenschaftlich Befragte, Beklagte und Gesuchte. Das ist durchaus jene Beziehung zu Gott, die in der traditionellen Sprache Gottesliebe heißt. Aber *diese* Gottesliebe lebt nicht im Modus des Besitzens oder des Wissens, sondern im Modus der leidenschaftlichen Sehnsucht. Es ist die Sehnsucht nach dem Geliebten, der fern ist und dessen Nähe gleichwohl gesucht wird.

Diese Sehnsucht artikuliert sich in unserem Psalm aus dem Jesajabuch in Bildern und Metaphern. Er verwendet vor allem drei Metaphern:

Du bist doch unser Vater (Jesaja 63, 16; 64, 7).
Wir sind der Ton, und du bist unser Töpfer (Jesaja 64, 7).
Unser Erlöser von Urzeit her wirst du genannt (Jesaja 63, 16).

Diese Metaphern dürfen wir nun nicht so verstehen, daß all das nicht mehr gilt, was wir gesagt haben: nämlich, daß die wahre Gottesrede die Frage ist, auf die es keine Antwort gibt, die die Frage als Frage erledigt und aufhebt. Die drei Gottesmetaphern Vater, Töpfer, Erlöser benennen Aspekte der Gottessehnsucht. Sie benennen Lebensfelder, auf und in denen die Beter sich nach Gott ausstrecken und dadurch verwandelt werden.

„Unser Töpfer bist du": Sie wollen von ihrer Gottsuche geformt werden bis in die Mitte ihrer Existenz hinein: Sei du unser Töpfer, wir sind Ton, der durch dich Leben und Gestalt annimmt.

„Unser Vater bist du": Sie wollen sich der Vaterleidenschaft Gottes aussetzen, der nicht ein leidenschaftsloser oder autoritärer Gott ist, der seine

Kinder unmündig und klein halten will. Unser Text verbindet Aspekte der Vater- und der Muttermetaphorik, um deutlich zu machen: Die so Gott als Vater und Mutter bestürmen, tun dies, weil sie der Leidenschaft dieses Gottes für Gerechtigkeit als Gottes Töchter und Söhne gesellschaftliche Realität geben wollen.

„Unser Erlöser bist du": Indem sie Gott mit der aus dem Familienrecht genommenen Metapher „Unser Löser/Auslöser" suchen, bekennen sie sich als Mitglieder der Gottesfamilie und behaften sich selbst mit dem Versprechen, so zu leben, daß an ihnen die Wahrheit des Wortes Gottes ablesbar sein soll.

Diese biblischen Menschen schreien nach Gott, weil sie ohne ihn nicht leben können – und weil sie hoffen, daß auch er nicht ohne sie leben will. Sie setzen darauf, daß ihre Gottessehnsucht und seine Menschensehnsucht aufeinander hingeordnet sind. Deshalb rufen sie ihm entgegen:

> *Kannst du dich bei all dem zurückhalten, Gott?*
> *Kannst du schweigen und uns so sehr erniedrigen? (Jesaja 64, 11)*

Der laute oder auch stille Schrei nach dem fernen Gott inmitten der Nacht der Verzweiflung und Verlassenheit ist Widerstand gegen die Apathie und gegen den drohenden Verlust der eigenen Identität. Die Klage, die den schweigenden oder sich verbergenden Gott sucht, widersetzt sich allen vorschnellen Versuchen, Gott und die Last des Lebens in einer höheren Harmonie auszugleichen. Als Anklage verdeckt sie Widersprüche nicht, sondern deckt sie auf – vor Gott und gegen Gott. Vielleicht ist dies die beeindruckendste Seite der alttestamentlichen Gottesüberlieferung, daß sie die leidenschaftlichen Rückfragen an Gott zuläßt und weitergibt, ohne theologische Zensur und ohne disziplinarische Maßnahmen. Dem alttestamentlichen Gott kann der, der ihn als Kraftquelle seines Lebens sucht, alles sagen – wirklich alles, wenn er es eben IHM sagt und wenn es aus gerade zu dem als
fern empfundenen Gott.

Elie Wiesel erzählt in seinem autobiographischen Werk „Die Nacht" von einer Freundschaft, die er als kleiner Junge in dem siebenbürgischen Städtchen Sighet mit dem Synagogendiener Mosche hatte. Dieser hatte den Zwölfjährigen beobachtet, wie er in der Abenddämmerung allein in der Synagoge betete.

> „'Warum weinst du beim Beten?' fragte er, als kenne er mich seit langem. 'Ich weiß nicht', erwiderte ich verstört. Die Frage war mir

nie gekommen. Ich weinte, weil ... weil etwas in mir weinen wollte. Ich konnte nichts dazu sagen.

'Warum betest du?' fragte er mich eine Weile später.

'Ich weiß es nicht', antwortete ich noch verwirrter und befangener. 'Ich weiß es wirklich nicht'.

Von diesem Tag an sah ich ihn häufig. Er versuchte mir eindringlich zu erklären, daß jede Frage eine Kraft besitzt, welche die Antwort nicht mehr enthält.

'Der Mensch erhebt sich zu Gott durch die Fragen, die er an ihn stellt', pflegte er immer wieder zu sagen. 'Das ist die wahre Zwiesprache. Der Mensch fragt, und Gott antwortet. Aber man versteht seine Antworten nicht. Man kann sie nicht verstehen, denn sie kommen aus dem Grund der Seele und bleiben dort bis zum Tode. Die wahren Antworten, Elieser, findest du nur in dir.'

'Und warum betest du, Mosche?' fragte ich ihn.

'Ich bete zu Gott, der in mir ist, daß er mir die Kraft gebe, ihm wahre Fragen zu stellen.'" (Elie Wiesel, Die Nacht zu begraben, Frankfurt am Main und Berlin 1987, 18 f.).

Die wahren Fragen, so zeigen die Psalmen und das Ijob-Buch, steigen aus der Nacht auf, in der Menschen an der Ferne Gottes leiden – wenn sie leiden an jener Widersprüchlichkeit, daß dieser Gott nicht die Angst, nicht das Leid und nicht den Tod abschafft und dennoch als der LEBENDIGE Gott selbst in seiner Verborgenheit die einzige Kraft ist, in der Leid und Tod ausgehalten werden können. Der Ruf „Schweig doch nicht, Gott!" (Psalm 83, 2), der aus der Gottesfinsternis aufsteigt, kommt aus einer Tiefe der Verbundenheit des Leidenden mit Gott, in der Gott als die alles umfassende Wirklichkeit gesucht wird, wie sie im überlieferten alttestamentlichen Gottesnamen zusammengefaßt ist: „Ich-bin-da und ich-werde-da-sein!" (vgl. Exodus 3, 14).

Daß Gott „da ist", nicht als der, der die Mächtigen noch mächtiger und die Erfolgreichen noch erfolgreicher macht, sondern als der, der gerade in den Stunden der Not und des Leids als der Abwesend-Anwesende und als der Verborgen-Gegenwärtige mit den Menschen ist, sie hält und formt, hat die alttestamentliche Überlieferung in zahlreichen Erzählungen über die großen Gestalten des Alten Testaments, Frauen und Männer, verdichtet. Die Heldinnen und Helden des alttestamentlichen Israel sind allesamt angefochtene, zweifelnde, beschädigte und resignierende Helden, die nicht selten der Last ihrer Gottesverwiesenheit entkommen wollen, aber gerade in ihrem Kampf gegen und um ihren Gott erst zu sich selbst und zu ihrer Aufgabe finden.

Als der Prophet Elija, wie das 19. Kapitel des ersten Königsbuchs erzählt, müde und resigniert in die Steppe südlich von Beerscheba flieht, um dort endlich seine Ruhe, die Todesruhe, zu finden, da erst wird ihm die entscheidende Gottesoffenbarung zuteil:

> *„Elija kam nach Beerscheba in Juda und ließ dort seinen Diener zurück. Er selbst ging eine Tagesreise weit in die Wüste hinein. Dort setzte er sich unter einen Ginsterstrauch und wünschte sich den Tod. Er sagte: 'Nun ist es genug, Herr. Nimm mein Leben, denn ich bin nicht besser als meine Väter!' Dann legte er sich unter den Ginsterstrauch und schlief ein.*
>
> *Doch ein Engel rührte ihn an und sprach: 'Steh auf und iß!' Als er um sich blickte, sah er neben seinem Kopf Brot, das in glühender Asche gebacken war, und einen Krug mit Wasser. Er aß und trank und legte sich wieder hin.*
>
> *Doch der Engel des Herrn kam zum zweiten Mal, rührte ihn an und sprach: 'Steh auf und iß! Sonst ist der Weg zu weit für dich!' Da stand er auf, aß und trank und wanderte, durch diese Speise gestärkt, vierzig Tage und vierzig Nächte bis zum Gottesberg Horeb" (1 Könige 19, 3b-8).*

Die alttestamentliche Überlieferung hat diese Erzählung gezielt hinter die Erzählung von dem spektakulären Triumph des Elija über die Baalspriester auf dem Berg Karmel (vgl. 1 Könige 18) gesetzt. So ist die Erzählung von Elija in der Wüste nicht nur ein nachdenklich-kritischer Kommentar zu allen Versuchen, die Wahrheit des Gottesglaubens mit Feuer und Schwert herbeizuzwingen. Es ist vor allem eine Lehrerzählung über und für die schmerzlichen Lernprozesse, die der biblische Gott seinen Anhängern, ja sich selbst zumutet. „Nun ist es genug, LEBENDIGER. Nimm mein Leben zurück, denn ich bin auch nicht besser als meine Väter!" Zwei Eingeständnisse sind es, die Elija dem Gott, dessen Prophet er doch war, da entgegenhält: „Ich kann nicht mehr, und ich will nicht mehr!" Und Elija gibt auch das Maß an, an dem er sich mißt und an dem er zerbricht; es sind die hohen Ziele, die er sich selbst gesteckt hatte. Er wollte besser sein als seine Väter. Er wollte schaffen, was sie nicht geschafft hatten. Er wollte den König Israels und das Volk zu einer Eindeutigkeit und Greifbarkeit der Allmacht des Gottes Israels hinführen. Er wollte alle Neigungen seiner Zeitgenossen, in das Geheimnis des Göttlichen durch Anleihen bei der kanaanäischen Baalsreligion einzudringen, ein für allemal beenden. Seine kämpferische Parole „Entweder Jahwe oder Baal“ (vgl. 1 Könige 18, 21) kehrt sich nun, da seine hohen Selbsterwartungen zerbrechen, gegen ihn selbst. Welches Paradoxon: Der feurige Prophet des LEBENDIGEN Gottes flieht nun in die Wüste, den Ort des Todes; er bittet ausdrücklich um das Ende seiner Sendung – durch den Tod. Auf den ersten Blick könnte es scheinen, daß damit nicht nur der Prophet, sondern der Gott Israels selbst in Elija gescheitert sei.

Doch dieser Elija, der resigniert sterben will, hört plötzlich eine Stimme: „Steh auf und iß!“ Der Text sagt: Es ist der Bote Gottes, der ihn weckt und ihm das Brot und das Wasser hingestellt hat. Kein Wort des Vorwurfs oder der theologischen Belehrung! In der Wüste der Verzweiflung und des Gotteszweifels kommt es nicht auf die Lehre an, sondern darauf, daß jemand Brot und Wasser gibt, damit der Erschöpfte wieder zu sich selbst findet. Das wird plastisch auch von Israel auf seinem Weg durch die Sinaiwüste erzählt, und das wird – ein Höhepunkt der alttestamentlichen Überlieferung – von der verzweifelten Hagar erzählt, als sie mit ihrem kleinen Sohn Ismael wie Elija in die Wüste südlich von Beerscheba flieht, um der Unterdrückung durch Sara und der Mißachtung durch Abraham, der sie vorher geschwängert hatte, zu entkommen (vgl. Genesis 16; 21).

Damit Elija und wir es ganz bestimmt begreifen, wiederholt sich dieses „Steh auf und iß!“ des Gottesboten sogar ein zweites Mal. Und was dann folgt, ist das Überraschendste an der ganzen Erzählung: Gestärkt durch Brot und Wasser, wird Elija nicht zurückgeschickt, um seinen prophetischen Kampf fortzusetzen, sondern in der Kraft dieser Speise wandert er noch weiter in die Wüste hinein. Vierzig Tage und vierzig Nächte – Symbolzahl für das Vollmaß seiner Vereinsamung und seiner Gottsuche – ist er in der Wüste unterwegs. Da taucht der Gottesberg Horeb vor ihm auf, der Berg, an dem nach den alten Überlieferungen dem Mose und dem Volk Israel das Geheimnis des biblischen Gottes erschlossen wurde. Zu diesem Gottesberg mußte auch Elija – und im Grunde muß jeder zu diesem Gottesberg in der Wüste, dem das Gottgeheimnis aufgehen soll. Was dem Elija dabei widerfährt, ist einerseits das, was die Überlieferung auch von Mose zu berichten weiß, und es ist andererseits doch eine neue, tiefere Gottesschau, die dem Elija zuteil wird:

Da
vorüberfahrend ER:
ein Sturmbraus, groß und heftig,
Berge spaltend, Felsen malmend,
her vor SEINEM Antlitz:
ER im Sturme nicht –
und nach dem Sturm ein Beben:
ER im Beben nicht –
und nach dem Beben ein Feuer:
ER im Feuer nicht –,
aber nach dem Feuer
eine Stimme verschwebenden Schweigens.
Es geschah, als Elijahu hörte:
da verhüllte er sein Antlitz mit seinem Mantel (1 Könige 19, 11-13).

Dem verzweifelten Elija offenbart sich der LEBENDIGE nicht als der, der mit Sturm, Beben und Feuer in die Geschichte eingreift, sondern er kommt zu ihm in einer, wie Martin Buber übersetzt, „Stimme verschwebenden Schweigens". Dem hebräischen Wortlaut kann man sich nur mit Umschreibungen nähern. Eigentlich schaut Elija Gott nicht, sondern er hört ihn als eine ruhige, dünne, schwache, abgemagerte Stimme, als „das Flüstern eines leisen Wehens" (J. Ebach, Kassandra und Jona. Gegen die Macht des Schicksals, Frankfurt am Main 1987, 98), als „ein still sanftes Sausen", wie Martin Luther verdeutscht. Dem Elija, der am Ende seiner Kraft war und sich in der Wüste seiner Verzweiflung protestierend-klagend mit seinem Gott auseinandersetzte, diesem Elija zeigt sich Gott als der, der in seiner Situation mit dabei ist. Er offenbart sich ihm in einer dünnen, abgemagerten Stimme. „Elija sieht Gott, wie er ihn in dieser Situation einzig zu sehen, zu ertragen vermag. Dünn und abgemagert – eben so kann man die Lage des Elija beschreiben. Darin erweist sich diese Geschichte ... als eine, die von der Solidarität Gottes gerade mit dem Schwachen, dem Verzagten, dem Versagenden handelt" (J. Ebach). Das ist ein neues Gotteswissen, das durch diese Erzählung Israel geschenkt wurde: Der schweigende Gott ist ein Gott, der auf Feuer und Sturm verzichtet, weil er mit den Schwachen und Leidenden mit-leiden und mit-tragen will.

Das ist die tiefste Dimension jenes Mit-Seins, von dem in der im Exodusbuch überlieferten Deutung des alttestamentlichen Gottesnamens die Rede ist:

„Mose sprach zu Gott:
'Siehe,
wenn ich zu den Kindern Israels komme und zu ihnen sage:
'Der Gott eurer Väter hat mich zu euch gesandt'
und wenn sie zu mir sagen: 'was ist es um seinen Namen?',
was soll ich ihnen dann sagen?'
Da sagte Gott zu Mose:
'Ich werde da-sein als der ich da-sein werde!'" (Exodus 3, 13 f.).

Diese rätselhafte Deutung des hebräischen Gottesnamens Jahwe faßt das biblische Gottgeheimnis bündig zusammen: Der biblische Gott will gerade als der ferne Gott nahe sein. Als der Gott, der in seiner unverfügbaren Freiheit bleibt. Als der Gott, der alles menschliche Begreifen übersteigt. Als der Gott, den kein Ort und keine Zeit festhalten können. Als der Gott, dessen Herrlichkeit die ganze Erde, ja den ganzen Kosmos erfüllt und trägt – und der dennoch darin nicht aufgeht, weil er GOTT ist.

Als solcher freilich hat und sucht er eine je besondere Beziehung zu jedem einzelnen, um jedem Licht und Kraft zu sein, der sich nach ihm ausstreckt, wie der wunderschöne Psalm 27 sagt. In diesem Psalm spricht sich in Bildern, die wir auch aus unseren Träumen kennen, die tiefe Angst aus, die Menschen erfassen, erschüttern oder lähmen kann:

Übeltäter nahen sich mir,
um mein Fleisch zu fressen.
Ein ganzes Kriegsheer lagert sich gegen mich,
Kampf erhebt sich gegen mich (vgl. Psalm 27, 2-3).

Dieser Angst setzt der Psalm das Bekenntnis des Vertrauens und der Unerschrockenheit entgegen:

Mein Herz fürchtet sich nicht,
ich bin voll Vertrauen (vgl. Psalm 27, 2-3).

Und vor allem: Der Psalmbeter gewinnt mitten in aller Angst diese fundamentale Unerschrockenheit, indem er sich nach seinem Gott ausstreckt, dessen rettende Kraft er mit Gegenbildern beschwört:

Der LEBENDIGE ist mein Licht und meine Rettung:
vor wem sollte ich mich fürchten?
Der LEBENDIGE ist die Fluchtburg für mein Leben:
vor wem sollte ich erschrecken?

Mit plastischen Metaphern ruft der Beter den fernen Gott herbei. Diese Metaphern erhalten ihre Kraft aus den Lebenszusammenhängen, denen sie entnommen sind und in die der Beter sich gewissermaßen mit ihrer Anrufung hineinstellt. „*Licht*" ist archaisch (und religionsgeschichtlich vielfach bezeugt) mit dem Anbrechen des Tages verbunden, erleb- und erfahrbar mit dem Aufgehen der Sonne. Dieses „Licht" beendet das bedrohliche, ja unheimliche Dunkel der Nacht, die Zeit der Unheilsdämonen, die Zeit der Diebe, Räuber und Mörder, kurz: die Zeit des ängstigenden Chaos. „*Rettung*" meint in biblischer Sprach- und Bildwelt meist Rettung aus feindlicher Bedrängnis, insbesondere Rettung vor übermächtigen Feinden im Krieg. „*Fluchtburg*" benennt ebenfalls die Perspektive der Rettung vor einem belagernden oder verfolgenden Heer. In dieser Situation erwies sich in der Antike eine auf einem Berg gelegene, ummauerte und gut befestigte Stadt, wohin die Menschen in den Dörfern und Geschäften sich flüchten konnten, als schützende und rettende „Fluchtburg".

Die biblischen Psalmen konfrontieren Bilder der Angst und Bilder des Vertrauens – und sie tun dies als Vollzug der Gott-Suche. In Psalm 27 sind es extrem gesteigerte Bilder existentieller Gefährdung und Angst: Feindliche Menschen stürzen wie wilde Raubtiere auf den Beter zu, um ihn aufzufressen. Ein Riesenheer von feindlichen Soldaten umkreist und umlagert ihn, wie man eine Stadt belagert, um sie auszuhungern und dann zu erobern. Er sieht einen mit Macht gegen ihn vorangetriebenen kriegerischen Angriff, der ihn buchstäblich zu zermalmen droht. In der Tat: Es sind Bilder extremer Angst, die auch der Psychotherapie nicht unbekannt sind.

Gegen diese Angst setzt der Psalmbeter seine Gegenbilder, mit denen er die rettende Wirkmächtigkeit „seines" Gottes herbeiruft: „mein Licht", „meine Rettung", „meine Fluchtburg". Aus solchen und mit solchen Gegenbildern sucht er mitten in seiner Angst einen rettenden Halt. Seine drängenden Fragen und die Bekenntnisse seiner Unerschrockenheit beenden nicht die Angst, wohl aber ihre lähmende und lebenszerstörerische Macht. Das ist die Botschaft, die der Psalmbeter sich selbst und uns sagt:

Mitten in Angst und Gefahr gibt dir der Schrei nach Gott Kraft. Die Gottessehnsucht gibt dir Stärke – Gottesstärke.

Welche Kraft Gott selbst in Menschen, die ihn suchen, freisetzt, zeigt Psalm 84, den man geradezu als Liebeserklärung an den fernen Gott deuten kann.

Wie geliebt sind deine Wohnungen,
LEBENDIGER der Heerscharen.
Es sehnt sich, ja es verzehrt sich meine Seele
nach den Höfen des LEBENDIGEN.
Mein Herz und mein Leib rufen
dem lebendigen Gott entgegen.
Sogar der Sperling hat ein Haus gefunden
und die Schwalbe ein Nest für sich,
wo sie ihre Jungen hingelegt hat,
bei deinen Altären.
LEBENDIGER der Heerscharen,
mein König und mein Gott:
Selig, die in deinem Hause wohnen,
die dich immerdar preisen (Psalm 84, 2-5).

Hier spricht ein Mensch, der beim lebendigen Gott ein Zuhause sucht – und den der Gedanke fasziniert, immerdar in diesem Gott Ruhe und Geborgenheit zu finden. Freilich: Er selbst ist fern von diesem Ort. Aber die Sehnsucht nach ihm brennt in seiner Seele und macht, wie Augustinus sagte, sein Herz unruhig. Diese Unruhe treibt ihn zur Gott-Suche. Und was in und durch Menschen geschieht, deren Herz von der Gottes-Sehnsucht bewegt wird, beschreibt die zweite Strophe des Psalms 84 so:

Selig die Menschen, deren Stärke DU bist,
die Pilgerwege in ihrem Herzen haben.
Ziehen sie durch das Tal der Dürre,
machen sie es zu einem Quellgrund,
ja mit Segen bedeckt es der Frühregen.
Sie gehen von Kraft zu Kraft
bis sie Gott in Zion schauen (Psalm 84, 6-8).

Glücklich gepriesen werden hier Menschen, deren Herz voll ist von der Vorstellung, daß ihr ganzes Leben ein „Pilgerweg“ zum lebendigen Gott ist – und die darin Kraft und Stärke finden. Wenn solche Menschen, so sagt der Psalm in seiner Bildersprache, durch ein Tal der Dürre wandern, also durch Täler der Not, des Leids und des Todes, machen sie dieses Tal der Dürre zu einem Tal, in dem Quellen entspringen. Solche Menschen bringen in Regionen des Todes die Kraft des Lebens. Der Psalm steigert sogar noch: Wessen Herz von der Sehnsucht nach dem lebendigen Gott erfüllt ist, trägt in sich eine Lebenskraft, die schier unerschöpflich ist: „Sie gehen von Kraft zu Kraft“ (Psalm 84, 8). Das heißt: „Anders als der gewöhnliche Reisende, dessen Kraft sich erschöpft, je länger er unterwegs ist, kennt der Gottespilger kein Müdewerden; er wandert vielmehr mit stetig zunehmender Kraft seinem schönen und großen Ziel entgegen“ (S. Loersch, „Sie wandern von Kraft zu Kraft“. Glück und Segnung auf dem Pilgerweg nach Psalm 84, 6-8, in: A. Angenendt, H. Vorgrimler (Hrsg.), Festgabe für Bischof Reinhard Lettmann, Kevelaer 1993, 23). Das ist die Erfahrung aller Liebenden. Die echte Sehnsucht setzt Kräfte frei, auch wenn die Liebenden getrennt sind. So ist es auch mit der Sehnsucht nach dem fernen Gott, wie es im Buch des Propheten Jesaja heißt:

Die auf den LEBENDIGEN vertrauen,
schöpfen immer wieder neue Kraft,
sie entfalten Schwingen den Adlern gleich.
Sie laufen und werden nicht müde,
sie gehen und werden nicht matt (Jesaja 40, 31).

Gottesentzug

Jesus als fremder und gottverlassener Zeitgenosse

von Hans-Josef Klauck

Mit einem eindrücklichen Bild beschließt Albert Schweitzer seine vielhundertseitige Darstellung der Leben-Jesu-Forschung im 19. und frühen 20. Jahrhundert: „Es ist der Leben-Jesu-Forschung merkwürdig ergangen. Sie zog aus, um den historischen Jesus zu finden, und meinte, sie könnte ihn dann, wie er ist, als Lehrer und Heiland in unsere Zeit hineinstellen. Sie löste die Bande, mit denen er seit Jahrhunderten an den Felsen der Kirchenlehre gefesselt war, und freute sich, als wieder Leben und Bewegung in die Gestalt kam und sie den historischen Menschen Jesus auf sich zukommen sah. Aber er blieb nicht stehen, sondern ging an unserer Zeit vorüber und kehrte in die seinige zurück." Dieser Jesus, in der geschichtlichen Gebundenheit „seiner Vorstellungen und seines Handelns erkannt", wird „für unsere Zeit immer etwas Fremdes und Rätselhaftes behalten" (Albert Schweitzer, Geschichte der Leben-Jesu-Forschung, 1906, ^{2}1913; hier zitiert nach: GTBS 77-80, Hamburg ^{2}1972, 620).

Diese Überlegung verdient es, weitergedacht und nach rückwärts verlängert zu werden: Welches Bild entwerfen unsere Quellen, die Evangelien, von Jesus in seiner eigenen Zeit? Erscheint er seinen Zeitgenossen tatsächlich so heimisch und vertraut? Oder begegnet uns vielleicht auch schon in diesen frühen Texten ein Jesusporträt, das in manchem fremd und verstörend wirkt? Sehen wir näher zu!

Der mißverstandene Wundertäter. Wunder am See Genesaret. Wo man Jesus festhalten will, da entzieht er sich. Wo man meint, ihn richtig verstanden und eingeordnet zu haben, wendet er sich ab und geht von dannen. Diese Erfahrung mußten auch die Bewohner von Kafarnaum, jenem Stützpunkt Jesu am See Gennesaret, zu dem er immer wieder zurückkehrte, mit ihm machen (in Markus 1, 35-39). Nach den ersten Heilungen und Dämonenaustreibungen, die Jesus im Laufe eines langen Tages dort vollbracht hatte, zieht er sich am nächsten Morgen in aller Frühe in

die Einsamkeit zurück. Alle suchen nach ihm, weil sie überzeugt sind, endlich einen unfehlbaren Wunderheiler für ihre persönlichen Nöte gefunden zu haben. Simon Petrus, selbst in Kafarnaum zu Hause, spürt Jesus auf und will ihn zurückbringen. Er reklamiert sozusagen Eigenbedarf, im Namen seiner Heimatstadt. Aber Jesus verweigert sich diesem Ansinnen, das auf einem Mißverständnis seines Programms und seiner Person beruht. Er will nicht nur Arzt für einen Ort sein, sondern Prediger des Evangeliums in der ganzen Gegend.
Nicht viel anders ergeht es – nach der Darstellung des Johannesevangeliums (Johannes 6 ,1-15) – jener Menschenmenge, die die wunderbare Speisung der Fünftausend miterlebt hatte. Sie will Jesus zu ihrem König machen, notfalls mit Gewalt, weil sie ihm zutraut, ihr mühsames irdisches Dasein in ein Schlaraffenland verwandeln zu können. Jesus spürt, was in der Luft liegt, und kann rechtzeitig ausweichen. Ganz allein begibt er sich auf einen Berg. Die Einsamkeit dient wie in der ersten Szene dem ungehinderten Verkehr mit Gott im Gebet.
Eine weitere tiefgründige Episode schließt sich unmittelbar an (vgl. Markus 6, 45-51). In den Abendstunden, als die Dunkelheit schon hereingebrochen war, rudern die Jünger ohne Jesus im Boot über den See Gennesaret ans andere Ufer. Ein heftiger Gegenwind macht ihnen zu schaffen und läßt sie kaum von der Stelle kommen. Dann heißt es im Text lapidar: „Um die vierte Nachtwache (zur frühen Morgenstunde also) kommt Jesus zu ihnen, wandelnd auf dem Meer. Und er wollte an ihnen vorübergehen“ (Markus 6, 48). Dieser Satz ist gesättigt mit Motiven, die in der jüdischen Bibel, unserem Alten Testament, das Erscheinen Gottes und sein rettendes Eingreifen anzeigen. Am Ende der Nacht, in der Morgenfrühe kommt Gott zur Hilfe (Exodus 14, 24). Seine Herrlichkeit „geht vorüber“ an Mose (Exodus 33, 29) und an Elija (1 Könige 19, 11). Von seinem Auftreten sagt Psalm 77, 20: „Dein Weg ging durch das Meer, deine Pfade gingen durch gewaltige Wasser, doch die Spur deiner Füße war nicht zu sehen.“ Aber die Jünger verstehen nicht, was hier vor sich geht. Sie bemerken nicht das Moment des Göttlichen in dieser Selbstinszenierung Jesu. Sie erkennen nicht einmal Jesus selbst, sondern sie vermeinen, ein Gespenst, ein alptraumhaftes Phantasiegebilde („Phantasma“ im Griechischen), zu erblicken, und vor lauter Schrecken schreien sie laut auf. Jesus muß sie erst beruhigen mit den Worten: „Faßt Mut, ich bin es. Fürchtet euch nicht!“ (Markus 6, 50).

Der heidnische Hauptmann unter dem Kreuz

„Wahrhaftig, dieser Mensch war Gottes Sohn." Ob dieses Bekenntnis so vollmundig gemeint ist, wie wir es meist verstehen? Ob es nicht auch noch Spuren eines distanzierten, verwunderten, staunenden Fragens enthält, etwa wie „Und dieser Mensch soll nun in der Tat Gottes Sohn gewesen sein?" (vgl. *Markus 15, 39*)

Die rätselhaften Brote. Dennoch: Als Jesus zu ihnen ins Boot steigt und der lästige Gegenwind sich legt, geraten die Jünger erneut über die Maßen außer sich, was kein gutes Zeichen ist. Der Erzähler des Markusevangeliums läßt nämlich noch einen Kommentar folgen, der die rätselhafte Begriffsstutzigkeit der Jünger erklären soll, auch wenn er für uns seinerseits rätselhaft bleibt: „Denn sie waren nicht verständig geworden über den Broten, vielmehr war ihr Herz verhärtet" (Markus 6, 52). Mit „über den Broten" ist das Brotwunder gemeint, bei dem Jesus mit fünf Broten und zwei Fischen fünftausend Menschen gespeist hatte und noch zwölf Körbe mit Resten übrig blieben. Später wird er diese große Tat in etwas veränderter Weise wiederholen. Er sättigt (in Markus 8, 1-9) mit sieben Broten viertausend Hungrige, und die Reste füllen sieben Körbe. Aus Anlaß einer Überfahrt über den See, bei der die Jünger sich darüber Sorgen machen, daß sie zu wenig Proviant bei sich haben – was grotesk wirkt angesichts der beiden Brotwunder, die sie miterlebten –, unterzieht Jesus die Jünger sodann einem förmlichen Kreuzverhör (Markus 8, 17-21):

Jesus: „Warum sorgt ihr euch, weil ihr kein Brot dabei habt?
Begreift und versteht ihr immer noch nicht?
Ist euer Herz denn bleibend verhärtet?
Augen habt ihr und seht nicht,
und Ohren habt ihr und hört nicht!
Und erinnert ihr euch nicht?
Als ich die fünf Brote für die fünftausend Menschen brach,
wieviele Körbe voll Brocken habt ihr da aufgehoben?"
Jünger: „Zwölf Körbe."
Jesus: „Und als ich die sieben Brote brach für die viertausend Menschen,
wieviele Körbe voll Brocken habt ihr da aufgehoben?"
Jünger: „Sieben Körbe."
Jesus: „Versteht ihr immer noch nicht?"

Wie sollen wir diese in der Tat nicht ganz leichte Katechese verstehen? Warum werden die Jünger von Jesus so scharf getadelt? Offenbar hätten sie aus den Brotwundern etwas Bestimmtes lernen sollen. Sie hätten den Brotwundern mehr entnehmen sollen, sie hätten ihnen anderes entnehmen sollen, als sie es faktisch taten. In welche Richtung dieser Mehrwert zielt, ist nicht einmal so leicht zu sagen. Auch die Jünger laufen anscheinend Gefahr, am Äußerlichen hängen zu bleiben, an der Sensation und am materiellen Zugewinn, und die einzelnen Wunder zu isoliert zu sehen. Sie gelangen nicht zu einem Verständnis der Wundertaten als zeichenhaften Handlungen, mit denen Jesus in „handfester“ und augenfälliger Weise seine Botschaft vom Anbruch der Herrschaft Gottes illustrieren will. Selbst die Aufnahmefähigkeit von Jüngern scheint überstrapaziert zu sein.

Das Resultat. Eine solche Haltung bezeichnet Jesus als Verblendung, als geistige Taubheit, als Verhärtung und Verstockung des Herzens. Das mag uns unverhältnismäßig hart erscheinen, zumal wenn wir bedenken, daß in der jüdischen Bibel letzter Urheber einer solchen Verstockung Gott selbst ist. Aber menschliches Versagen und bewußtes Nichthörenwollen spielt immer mit herein, so daß ein kaum zu entwirrendes, dialektisches Geflecht entsteht. Gezeigt werden soll auch, daß im Grunde nur Gott selbst die richtigen Verstehensbedingungen schaffen kann, daß mit anderen Worten Jesus auch noch die blinden Augen der Jünger und ihre tauben Ohren öffnen muß, um bis zu ihrem Herzen vorzudringen.
Wir können festhalten: Trotz aller Bedeutung der Wunder Jesu – wo man ihn nur als Wundertäter auffaßt, da bleibt er fremd. Die schroffe und abweisende Art, mit der er auch in anderen Fällen reagiert, wenn eine Bitte um Heilung an ihn herangetragen wird, könnte das noch bestätigen (vgl. nur die anfängliche Zurückweisung der syrophönizischen Frau, die für ihre Tochter bittet, in Markus 7, 27). Auch daß Jesus den Geheilten und den Umstehenden öfter, wenn auch meist erfolglos, aufträgt, sie sollten über das schweigen, was sie erlebt haben, und es niemandem weitererzählen (z.B. Mk 5,43; 7,36), gibt zu denken und weist in dieselbe Richtung.

Der unverstandene Lehrer. Sieht es denn vielleicht mit der Lehre etwas besser aus? Wirkt Jesus weniger fremd, wird er besser verstanden, wenn er redet? Wenn wir dem Markusevangelium folgen: wohl kaum. Und auch hier stoßen wir erneut auf die Jünger, auf die Vertrauten Jesu, die dieses Unverständnis am eindrücklichsten dokumentieren.

Die Gleichnispredigt. Wiederum befinden wir uns am See Gennesaret, in jener kleinen, ländlichen Welt Galiläas, von der die Jesusbewegung ihren Ausgang nahm. Das Volk versammelt sich am Ufer, um Jesus zuzu-

hören, der vom Boot aus in Gleichnissen zu ihnen redet (Markus 4, 1-34). Er erzählt von einem Sämann, der die Saatkörner auf unterschiedlichen Boden streute, und davon, was dann passiert. Das kann jedes Kind verstehen, sollte man meinen, aber: weit gefehlt! Jesu Begleiter fragen ihn nach dem Sinn des Gleichnisses, und er gibt ihnen zur Antwort: „Euch ist das Geheimnis des Gottesreiches gegeben, denen draußen aber geschieht alles in Rätseln, damit sie sehen und doch nicht einsehen, damit sie hören und doch nicht verstehen, damit sie nicht umkehren und ihnen nicht etwa vergeben wird“ (Markus 4, 12).
Das scheint zunächst nur Außenstehende etwas anzugehen und die Jünger gar nicht zu betreffen; aber auch sie können sich keineswegs ruhig zurücklehnen, denn einmal haben wir schon gehört, daß sie im Zusammenhang mit den rätselhaften Broten eine ganz ähnliche Schelte über sich ergehen lassen mußten. Außerdem wendet sich Jesus gleich im Anschluß noch einmal direkt an sie mit der tadelnden Frage: „Dieses Gleichnis begreift ihr nicht? Wie wollt ihr denn dann all die anderen Gleichnisse verstehen?“ (Markus 4, 13). Selbst als Gleichniserzähler bleibt Jesus ein Stück weit unverstanden.

Die Belehrung über das Leiden. Noch dramatischer wird es, als Jesus zu einer Belehrung über die Notwendigkeit seines Leidens und Sterbens ansetzt (vgl. Markus 8, 27-33). Jesus erkundigt sich bei seinen Jüngern: „Für wen halten mich die Menschen?“ Heraus kommt das Ergebnis einer Art Meinungsumfrage, die erhebliche Unsicherheit darüber verrät, wie man die Gestalt Jesu kategorial einordnen soll: Einige meinen, in ihm sei Johannes der Täufer wieder von den Toten auferstanden; andere halten ihn für einen Propheten oder für Elija, der vor dem Ende wiederkehren wird.
Auf die erneute Rückfrage Jesu: „Für wen aber haltet ihr mich?“ hin spricht Petrus das Bekenntnis aus: „Du bist der Christus“, der Messias Israels. Das nimmt Jesus auf und präzisiert es, indem er die Jünger belehrt: „Der Menschensohn muß vieles erleiden von den Menschen, er wird verworfen ... und getötet werden, aber nach drei Tagen wieder auferstehen.“ Davon will Petrus nichts hören, das paßt gar nicht zu seinem Messiasbild. Er nimmt Jesus beiseite und fährt ihn unwirsch an – der Schüler tadelt den Meister! Die Rollen erscheinen plötzlich vertauscht, aber nicht für lange. Vor dem Forum der anderen Jünger weist Jesus mit Worten, die in ihrer Schärfe nicht mehr zu überbieten sind,

Petrus zurecht: „Auf, hinter mich, Satan!" Vor einem großen Publikum, zu dem auch die Volksmenge zählt, fordert er sodann zur Kreuzesnachfolge auf.
Satanisch verdiente das Verhalten des Petrus deswegen genannt zu werden, weil er, wie zuvor (in Markus 1, 12-13) der Satan selbst, Jesus in Versuchung führt und ihn von seiner Leidensbereitschaft abbringen will. Bemerkenswert erscheint, daß Jesus diesen „kleinen Satan" nicht einfach von sich weist, wie es die gängige Übersetzung mit „Weiche von mir, Satan" suggeriert. Tatsächlich ruft er den Petrus erneut in die Nachfolge, denn „Auf, hinter mich!" bedeutet soviel wie „Gehe hinter mir her!", „Folge mir auf meinem Weg!", selbst wenn dieser Weg in den Untergang führt. Leicht nachzuvollziehen ist das für die Jünger nicht. An späterer Stelle hören wir, daß sie zwar mit Jesus ziehen, sich aber fürchten vor dem, was sie erwartet (Markus 10, 32).

Der unerkannte Herr. Bisher haben wir nur die Zeit vor Ostern berücksichtigt. Könnte es sein, daß alle Verstehensbarrieren, auf die wir gestoßen sind, nur für das irdische Wirken Jesu gelten, daß sich nach der Auferstehung für die Osterzeugen dieser Eindruck des Fremden und Unverständlichen verflüchtigt? Insbesondere das Johannesevangelium gibt Anlaß zu dieser Überlegung, denn dort wird uns an einer Stelle direkt gesagt: „Als Jesus von den Toten auferstanden war, da erinnerten sich seine Jünger, daß er dies gesagt hatte, und sie gelangten zum Glauben an die Schrift und an das Wort, das Jesus sprach" (Johannes 2, 22). Voraus geht die rätselhafte Aufforderung Jesu, diesen Tempel niederzureißen, und er werde innerhalb von drei Tagen einen neuen errichten (Johannes 2, 19). Dieses Jesuswort wurde vor Ostern von niemanden in seiner symbolischen Ausrichtung auf Jesu Tod und seine Auferstehung hin verstanden, und es ist ja auch nicht ganz selbstverständlich, daß man für „Tempel", „niederreißen" und „wiedererrichten" plötzlich „Leib", „töten" und „auferstehen" einsetzen soll, selbst wenn die Frist von drei Tagen für das Ohr eines Christen verräterisch klingt. Der Johannesevangelist erklärt uns auch, warum sich das so verhält: Erst nach Ostern kommt der Paraklet, der Geist der Wahrheit, der an alles erinnern und über alles belehren wird, was Jesus sagte (Johannes 14, 26), und der in die ganze Wahrheit einführen wird (Johannes 16, 13). Aber ganz so einfach liegen die Dinge selbst nach Ostern trotzdem nicht, wie uns ein Blick in zwei Ostererzählungen rasch zeigt.

Die Begegnung in Emmaus (Lukas 24, 13-35). Zwei Tage nach der Kreuzigung Jesu sind zwei Jünger unterwegs von Jerusalem ins etwa 10 Kilometer entfernt liegende Emmaus. Sie stehen noch ganz unter dem Eindruck der Katastrophe, die Jesu Tod am Kreuz für sie bedeutete; sie erwarten nichts mehr, und enttäuscht gehen sie nach Hause.
Unauffällig nähert sich ihnen ein Fremder und schließt sich ihnen an. Als er sie fragt, was für ein Gespräch sie denn miteinander führen, bleiben sie traurig stehen und geben zurück: „Bist du der einzige Fremdling in Jerusalem, der nicht weiß, was dort geschehen ist?“ Sodann resümieren sie Jesu irdischen Weg bis hin zu seinem Leiden und Sterben. Mehr noch, sie erzählen ihm sogar, was sie gerüchteweise gehört haben über Ereignisse an diesem dritten Tag seit seinem Kreuzestod: Frauen sind vom Grab zurückgekommen, das sie leer vorgefunden hatten. Sie behaupten, Engel seien ihnen erschienen und hätten ihnen verkündet, daß Jesus lebe. Andere Jünger haben das überprüft und konnten bestätigen, daß das Grab leer sei, aber Jesus haben sie nicht gesehen.
Eigentlich verfügen die beiden Emmausjünger damit über alle notwendigen Informationen, doch die Schlußfolgerung daraus ziehen sie nicht; es gelingt ihnen nicht, zum Osterglauben durchzustoßen. Das macht ihnen Jesus zum Vorwurf: „Oh ihr Unverständigen mit eurem trägen Herzen. Warum glaubt ihr nicht an alles, was die Propheten gesagt haben?“ Als nächstes beweist er ihnen aus der Schrift, daß der Messias nur durchs Leiden in die Herrlichkeit gelangen konnte.
Als die kleine Gruppe sich dem Zielort der Wanderung nähert, tut Jesus so, als ob er weitergehen wolle. Die beiden andern nötigen ihn: „Bleibe bei uns, denn es will Abend werden, und der Tag hat sich geneigt.“ Erst im Haus beim abendlichen Mahl, beim Brechen des Brotes gehen den Jüngern die Augen auf, und sie erkennen in dem fremden Gast Jesus wieder. Doch der ist im gleichen Augenblick auch schon ihrem Blick entschwunden. „Brannte uns nicht das Herz“, so stellen sie im Nachhinein fest, schon auf dem Weg bei der Erschließung der Schrift?
Auch der Auferstandene erscheint als Fremder, und er entzieht sich; man kann ihn nicht innerweltlich fixieren. Aber Spuren seiner Anwesenheit sind fortan erkennbar, und zwar im Wort der Schrift und im Mahl des Herrn.

Die Erkennungsszene im Garten (Johannes 20, 11-18). Wiedererkennungsszenen wie die geschilderte sind im übrigen ein beliebtes Darstellungsmittel in der antiken Literatur. Homer hat sich ihrer bedient, die Dramatiker bauen sie in ihre Werke ein, Aristoteles reflektiert theoretisch darüber in seiner Poetik. Im Buch Tobit gibt sich in ähnlicher Weise der Erzengel Raffael am Ende einer langen Reise, auf der er den jungen Tobit begleitet hatte, zu erkennen und ist von dem Moment an nicht mehr zu sehen. Solche Episoden dienen nicht nur der Erzeugung und der Auflösung von Spannung, sie sind auch besonders geeignet, die Dialektik von Fremdheit und Vertrautheit, von Anwesenheit und Abwesenheit, von himmlischer und irdischer Welt zur Anschauung zu bringen. Diese Züge weist auch eine zweite Begebenheit dieser Art auf, die uns das Johannesevangelium aufbewahrt hat.

Weinend steht Maria von Magdala am Grab Jesu, das sie in der Frühe des Ostertags geöffnet und leer vorgefunden hatte. Zwei Engel im Grab fragen sie nach dem Grund für ihr Weinen. Sie gibt zur Antwort: „Man hat meinen Herrn weggenommen, und ich weiß nicht, wohin sie ihn gelegt haben.“ Als sie sich umwendet, sieht sie Jesus in dem Garten stehen, in dem sich das Grab befindet, weiß aber nicht, um wen es sich handelt. Auch Jesus fragt sie, warum sie weint und wen sie eigentlich sucht. Maria hält ihn für den Gärtner und rechnet mit einer Umbettung des Leichnams Jesu durch ihn. Sie sagt zu ihm: „Wenn du ihn weggetragen hast, sage mir, wohin du ihn gelegt hast, und ich werde ihn holen.“ Jesus redet sie nur an mit „Maria“, und sie antwortet mit „Rabbuni“, „mein Lehrer“. Sie hat ihn erkannt, aber sie kann ihn nicht festhalten, denn Jesus muß hinaufsteigen zum Vater, und von dort wird er sich auch den andern Jüngern zeigen.

Wieder stoßen wir auf die gleiche Grundkonstellation: Der Auferstandene erscheint, wird aber für einen Fremden gehalten. Durch eine Geste oder ein Wort gibt er sich zu erkennen, verläßt aber wieder die Szene. Das Verstehen und die Verstehensproblematik werden gegenüber der Zeit vor Ostern auf eine neue Ebene gehoben und gewinnen eine neue Qualität. Auch der Auferstandene entzieht sich, er ist nicht auf Anhieb identifizierbar, aber, und darauf kommt es entscheidend an, er lebt, und er gibt sich zu erkennen, punktuell, hier und da, durch Worte und Zeichen.

Das wiederholt sich ein letztes Mal im Schlußkapitel des Johannesevangeliums, wo die Jünger wieder auf dem See Gennesaret ihrer früheren Tätigkeit als Fischer nachgehen und plötzlich Jesus unerkannt am Ufer steht und auf sie wartet (Johannes 21, 1-14). Warum scheint dieses Erzählmodell den beiden späten Evangelisten Lukas und Johannes offensichtlich so ans Herz gewachsen zu sein? Vermutlich haben sie darin die Situation ihrer eigenen Gemeinde gegen Ende des ersten Jahrhunderts wiederentdeckt, die beides erlebt: die Fremdheit Jesu, der in der Distanz bleibt, und seine Nähe, die geglaubt und gefeiert wird.

Der Gottessohn am Kreuz. Wir müssen unseren Blick noch einmal etwas zurücklenken auf die Nahtstelle zwischen diesen beiden Phasen vor Ostern und nach Ostern, auf die Kreuzigung Jesu selbst, weil ihre Schilderung im Markusevangelium (Markus 15, 33-39) uns dazu zwingt, unsere Fragestellung noch ein Stück weiter voranzutreiben.

Die letzten Lebensäußerungen. „In neunter Stunde rief Jesus mit lauter Stimme: *'Eloi, Eloi, lema sabachtani?'*, das heißt übersetzt: *Mein Gott, mein Gott, warum hast du mich verlassen?*" (Markus 15, 34); so lauten nach Markus die letzten Worte Jesu am Kreuz, und sie wurden, wie ihre Wiedergabe durch den Evangelisten dokumentiert, in Aramäisch gesprochen, in der Muttersprache Jesu, nicht in Hebräisch, der ursprünglichen Sprache der Psalmen. Jesus, der seinen Zeitgenossen in vielem so fremd blieb, hat sein Leben in tiefer Vertrautheit und Verbundenheit mit Gott geführt, den er zuletzt noch in Getsemani im Gebet mit „Abba", „mein Vater", anredete (Markus 14, 36). Aber in seiner letzten Stunde scheint ihm selbst dieser Gott fremd geworden zu sein, fühlt er sich nicht nur von aller Welt, sondern auch von Gott verlassen. Und in dieser Stunde gibt Gott keine Antwort.
Diesen erschreckenden Befund wollen wir nicht vorschnell verharmlosen, und der Betroffenheit, die er hervorrufen muß, sollten wir genügend Raum geben. Dennoch kommen wir nicht umhin, zwei weitere Dinge zu bedenken. Zum einen verwendet Jesus immer noch eine Anredeform und wendet sich an diesen Gott, der sich von ihm abgewandt zu haben scheint. Es führt eine Linie von dem „Abba", „mein Vater", aus der Getsemani-Szene zu dem „Eloi", „mein Gott", der Sterbestunde. Zum andern bedient Jesus sich der Sprache eines alten Gebets mit einer langen Tradition im Judentum. „Mein Gott, mein Gott, warum hast du mich verlassen?" ist strenggenommen ein Zitat aus dem 22. Psalm. Es handelt sich dort um den Einleitungsvers, der fortgeführt wird mit: „Mein Gott, ich rufe bei Tage, doch du gibst keine Antwort; ich rufe bei Nacht und finde doch keine Ruhe." In Psalm 22 heißt es aber auch: Dennoch „bist

du heilig, du thronst über dem Lobpreis Israels" (Vers 4), und wenn wir den ganzen Psalm betrachten, erleben wir im Textverlauf auch noch den Umbruch mit. Gott greift endlich doch rettend ein: „Denn er hat nicht verachtet, nicht verabscheut das Elend des Armen, er hat auf sein Schreien gehört" (Vers 25), so daß der Beter zuletzt sagen kann: „Deine Treue preise ich in großer Gemeinde" (Vers 26). Zumindest die christliche Gemeinde nach Ostern, die den Bericht von der Sterbestunde Jesu weiter tradierte, mochte darin einen gewissen Trost finden und sich sagen, daß doch noch nicht alles verloren war.
Allerdings hält der Markustext für uns noch eine Herausforderung bereit, denn dieser Ruf war immer noch nicht die letzte Lebensäußerung Jesu. Die folgt erst noch, und sie wird so beschrieben: „Jesus aber schrie laut auf. Dann hauchte er den Geist aus" (Markus 15, 37). Am Ende steht ein wortloser Schrei, der keinen verstehbaren Inhalt mehr hat. Selbst die Sprache des Gebets verstummt, und wir werden entlassen in ein lastendes Schweigen. Davon gilt, was Hans-Urs von Balthasar eindrücklich so formuliert: „Das Ende der Frage ist der große Schrei. Er ist das Wort, das kein Wort mehr ist, das deshalb auch nicht mehr als Wort verstanden und ausgelegt werden kann. Er ist das Ungeheuere, das noch übrigbleibt, nachdem alles Gemäßigte, Geheure, dem Menschengehör Angepaßte verklungen ist. In Wahrheit müßte man das, was in diesem Schrei nunmehr nackt hervorbricht, in jedem bekleideten Wort mithören" (Hans-Urs von Balthasar, Das Ganze im Fragment. Aspekte der Geschichtstheologie, Einsiedeln 1963, 303).

Die Reaktion der Zeugen. Von Jesus hören wir im Markusevangelium, das in seiner ursprünglichen Gestalt als Abschluß nur die Erzählung vom leeren Grab kennt, aber keine Erscheinungen des Auferstandenen schildert, kein direktes Wort mehr. Was wir in der Kreuzigungsszene noch vernehmen, sind die Stimmen von anderen Beteiligten (Markus 15, 35-39). Die Dabeistehenden hören Jesus nach „Eloi" rufen, aber sie verstehen ihn nicht. Einige meinen: „Hört, er ruft nach Elija", dem Propheten. Einer gibt Jesus zu trinken, um den Todeskampf zu verlängern, und sagt dabei: „Wir wollen doch sehen, ob Elija kommt und ihn herabnimmt". „Eloi" mit „Elija" zu verwechseln, ist zwar nicht völlig undenkbar, grenzt aber dennoch fast ans Groteske. Der Erzähler will zeigen, daß nicht einmal dieser Verzweiflungsruf Jesu richtig rezipiert wird. Man unterlegt ihm eine verzweifelte Hoffnung auf rasche Rettung, die

Jesus selbst in dieser Stunde gar nicht mehr hegte. Jesus bleibt unverstanden, bis zuletzt. Die ganze Tiefe dessen, was sich an Dramatik hier abspielt, bleibt diesen Zeugen zumindest verschlossen.
Einen weiteren Akteur gibt es noch: den heidnischen Hauptmann, der als Kommandant der kleinen, für die Kreuzigung abgeordneten Truppe Jesus gegenübersteht. Er hört die Schreie, er sieht das Sterben, und er reagiert darauf mit der Aussage: „Wahrhaftig, dieser Mensch war Gottes Sohn." Ob dieses Bekenntnis so vollmundig gemeint ist, wie wir es meist verstehen, ob es nicht auch noch Spuren eines distanzierten, verwunderten, staunenden Fragens enthält (etwa so: „Und dieser Mensch soll nun in der Tat Gottes Sohn gewesen sein?"), lassen wir einmal dahingestellt. Auf jeden Fall werden wir als Leser des Evangeliums aufgefordert, diesen Ausspruch sehr ernst zu nehmen und darüber weiter zu reflektieren. Wir sind eingeladen, die Leistung, die, offen oder verborgen, in dem Ausruf des Hauptmanns steckt, nachzuvollziehen, gegebenenfalls auch zu präzisieren und zu vollenden: den Kreuzestod Jesu, den Verzweiflungsruf und den letzten, wortlosen Schrei also zusammenzudenken mit Gott, mit seinem Wirken in der Gestalt dieses Menschen Jesu von Nazareth, von dem der Glaube bekennt: Er ist Gottes Sohn. Zugemutet wird uns mit anderen Worten, an der Anwesenheit dieses Gottes festzuhalten, auch wenn alle Argumente für seine Abwesenheit sprechen.

Geben wir zum Schluß noch einmal Albert Schweitzer das Wort: „Als ein Unbekannter und Namenloser kommt er (Jesus) zu uns, wie er am Gestade des Sees an jene Männer, die nicht wußten, wer er war, herantrat. Er sagt dasselbe Wort: Du aber folge mir nach! und stellt uns vor *die* Aufgaben, die *er* in unserer Zeit lösen muß" (Albert Schweitzer, Geschichte der Leben-Jesu-Forschung, 1906, ^{2}1913; hier zitiert nach: GTBS 77-80, Hamburg ^{2}1972, 630. Hervorhebung vom Autor).

Der schweigende Gott

Über die dunkle „Nacht des Glaubens“ bei Johannes vom Kreuz und Teresa von Avila

von Ulrich Dobhan OCD

Gott schweigt! Das ist der Eindruck, den heute viele Menschen von Gott haben, falls er überhaupt noch vorkommt in ihrem Leben, und sie nicht schon längst Abschied genommen haben von ihm. Es gibt viele Gründe, warum ein Mensch trotz, ja gerade aufgrund seines ehrlichen Suchens zu diesem Eindruck kommen kann. Da sind vor allem die Probleme und Aporien, die sich den Menschen schon immer in der Theodizee, der Frage nach Gott angesichts des Leids stellen und mit denen sich schon der „Dulder“ Hijob herumgeschlagen hat; dann aber auch Zweifel, die aus dem Binnenraum des Christentums und da wiederum der verfaßten Kirchen kommen, die zunehmend mehr Menschen nach der Anwesenheit Gottes auch in diesen Kreisen fragen lassen; letztlich auch Anfragen, die sich aus einer Art Überstrapazierung des Religiösen ergeben, wenn wir bedenken, was mitunter bis heute noch von manchen Kanzeln als Wille Gottes, als von Gott eingesetzte und verfügte Norm dargestellt und eingefordert wird. Wenn manche unserer Zeitgenossen zum Entschluß kommen, mit dieser Religiosität, mit diesem „Gott“ Schluß zu machen, und dann von sich sagen, daß sie sich jetzt viel wohler fühlen, dann mag man das zuweilen gut verstehen.

Aber über dieses Schweigen Gottes hinaus, das ja sogar heilsam und notwendig ist, gibt es ein viel tieferes, viel mehr an die Substanz des Menschen gehendes Schweigen Gottes, allerdings nicht erst in unserer Zeit. Zwar meinen wir das heute, weil bis in unsere Zeit hinein das Reden Gottes mehr Gehör gefunden hat.

Aber über einen schweigenden Gott, der angesichts so vieler Ungereimtheiten der menschlichen Existenz nichts gesagt und getan hat, ist schon immer geklagt worden, nicht zuletzt sogar von Jesus aus Nazareth vom seinem Kreuz herab. So gesehen ist das Schweigen Gottes keine Besonderheit unserer Zeit. Doch kann es eine Anfrage, ein „Zeichen der Zeit“ sein: hinter ihnen verbirgt sich eine Botschaft Gottes, in ihnen spricht Gott. Das Schweigen Gottes also als ein Wort Gottes für uns Menschen heute?

Ein gewichtiger Zeuge für ein Verständnis und eine gewisse Art von Entschlüsselung dieses Schweigens Gottes ist *Johannes vom Kreuz*. Geboren als armer Leute Kind 1542 in Kastilien trat er nach einer Kindheit und Jugend, die für die armen Leute damals, immerhin das Gros der Menschheit in Spanien, typisch war, im Alter von 20 Jahren in den Orden der Karmeliten ein und schloß sich nach seiner Priesterweihe der von der hl. Teresa von Avila begründeten Reformbewegung in seinem Orden an. Instinktiv hat er gespürt, daß es sich bei dieser Frau um eine außerordentliche Persönlichkeit handelte; denn wie hätte er als Mann es sonst fertigbringen können, sich in geistlicher Hinsicht einer Frau zu unterstellen, die doch in der damaligen Gesellschaft und Kirche noch nicht einmal als mündige Person galt? Diese seine Sensibilität, die sich, wie im Lauf seines Lebens offenkundig wurde, auch Kranken, Armen und von ihren Seelenführern mißverstandenen und geistlich mißhandelten Menschen zugute kam, unterscheidet ihn von vielen damals bekannten Theologen. Seine Briefe legen dafür ein beredtes Zeugnis ab. Es ist von daher nicht richtig, ihn als strengen, welt- und menschenscheuen Asketen darzustellen, dessen Kennzeichen die „dunkle Nacht" sei. Vielmehr ist Johannes vom Kreuz ein sehr einfühlsamer und verständnisvoller geistlicher Begleiter gewesen, der seine persönlichen Erfahrungen in nichts geringerem als in der in seiner spanischen Muttersprache bis heute unübertroffenen Poesie zum Ausdruck gebracht hat, was bis heute von allen spanischsprachigen Dichtern, ganz gleich welcher Couleur, immer wieder anerkannt wird.

Sein „Geistlicher Gesang" entstand zum größten Teil im Jahre 1578 im Klostergefängnis von Toledo, wohin Johannes von Mitbrüdern gebracht wurde, die in ihm den Anführer der Erneuerungsbewegung im eigenen Orden sahen und hofften, mit seiner Liquidierung auch diese wieder auszulöschen (Werke des Johannes vom Kreuz: J. V. Rodríguez (Hg.), San Juan de la Cruz. Obras completas. Madrid ^{5}1993. Deutsche Übersetzung der „Dunklen Nacht", der Briefe und des „Geistlichen Gesanges": Herder, Freiburg, Reihe Spektrum, Nr. 4374, 4506, 4554. Die anderen Werke: Johannes-Verlag Einsiedeln. Abkürzungen: N = „Dunkle Nacht"; A = „Aufstieg zum Berge Karmel"; Fl = „Flamme lebendiger Liebe"). Der „Geistliche Gesang" besingt die Suche des Menschen nach Gott, der „wie ein Hirsch entschwunden ist" und „mich mit

Teresa von Avila

Ich glaube an einen Gott, „der, obwohl er Gott war, doch auch Mensch war, und sich über die Schwächen der Menschen nicht entsetzt, sondern unsere armselige Lage versteht ... Mit ihm kann ich reden wie mit einem Freund, obwohl er doch der Herr ist." (aus: *Das Buch meines Lebens*)

Seufzen zurückgelassen“ hat; nicht nur theoretisch, sondern ganz konkret praktisch, in diesem dunklen Verlies. Doch Gott schweigt! So bemüht Johannes vom Kreuz seine Phantasie und Erinnerung, wie er als Jugendlicher zusammen mit seinem Bruder Francisco die Natur und den Sternenhimmel betrachtet und dabei Gottes Spuren entdeckt hat. Er ist überzeugt, und das besingt er im Kerker, wie es im „Cántico“ heißt, daß Gott allein durch seinen Vorübergang die Natur mit seiner Schönheit bekleidet zurückgelassen hat. Und so kann er auch in dunkler Nacht daran glauben, daß Gott zu ihm durch die Geschöpfe, die Blumen, die Felder und Auen, die Natur, das Wasser, die Wälder und Wiesen redet: Gott ist es, der sie alle erschaffen hat und am Sein erhält. So kann Johannes an ihrer Schönheit etwas von der Schönheit Gottes erkennen.

Und dennoch hüllt sich Gott in Schweigen! Das, was für viele Menschen immer wieder zur Erfahrung wird, und was sich heute mehr als sonst zu ereignen scheint, ist auch Johannes vom Kreuz widerfahren. Warum schweigt Gott, wo er in diesem finsteren Kerkerloch fast verendet, der Willkür und Rache verblendeter Mitbrüder ausgesetzt, die dazu noch meinen, damit Gott einen Dienst zu tun? Es ist also noch nicht einmal ein gottloses Regime, das ihn verfolgt, dem gegenüber einer immer noch das Gefühl haben kann, ein Märtyrer seiner Religion zu sein, sondern in seinem Fall rufen Henker und Opfer den gleichen Gott an und sind überzeugt, dem gleichen Gott einen Dienst zu erweisen.

Gegen Ende seines Lebens, nachdem Johannes vom Kreuz fast dreizehn Jahre die Geschicke des neu entstehenden Ordens der hl. Teresa entscheidend mitbestimmt hatte und unglaublich aktiv war als Klostergründer, Hausoberer, geistlicher Begleiter, Mitglied des Leitungsteams des Ordens und geistlicher Schriftsteller, kommt von neuem eine dunkle Nacht über ihn. Es konnte nicht ausbleiben, daß er in die im neuen Orden aufbrechenden Richtungsstreitigkeiten mit hineingezogen wurde, hinter denen sich zwei unterschiedliche Lebenskonzeptionen verbargen: Auf der einen Seite standen der erste Generalvikar des Ordens, Nicolás Doria und diejenigen, die, den damaligen Reformideen in den spanischen Orden folgend, ihr Heil von ihren eigenen Werken und Anstrengungen erwarteten. Sie vertraten den Grundsatz: Je strenger, härter, außerordentlicher und schmerzvoller desto besser, sicherer und frömmer. Auf der anderen Seite standen Johannes vom Kreuz, Jerónimo Gracián und die bedeutendsten Priorinnen in den Klöstern Teresas. Sie glaubten

Gott, daß er sie von vornherein liebt, noch bevor sie etwas für ihn haben tun können, und daß er sie immer liebt, selbst wenn sie sich selbst und ihn nicht mehr lieben sollten. Sie waren davon überzeugt, daß die innerliche Umgestaltung des Menschen nicht das Werk des Menschen und seiner Anstrengungen ist, sondern das Werk Gottes, der es allerdings nur in dem Menschen vollbringen kann, der dafür bereit und offen ist. Erstere meinten, mit Gewalt, die sie sich mitunter selbst zufügten, ihr Heil wirken zu können, und schreckten deshalb auch nicht vor Gewalt anderen gegenüber zurück – zu deren eigenem Heil. Letztere überließen die eigentliche Arbeit Gott und versuchten, die von Gott erhaltene Liebe, an die sie glaubten, in ihrem Leben sichtbar und erfahrbar zu machen und weiterzugeben, Gott durch sie wirken zu lassen und so zu Mitarbeitern Gottes zu werden.

Für Johannes vom Kreuz wirkte sich das so aus, daß er aller Ämter enthoben und „in eine Ecke geworfen wird", wie er selbst sagt, und sich einer üblen Verleumdungskampagne ausgesetzt sieht, in deren Verlauf ihm unter anderem sexuelles Fehlverhalten vorgeworfen wird. Auch hier ist die Erfahrung des Johannes, daß Gott schweigt, so daß er wieder Anlaß genug hätte zu fragen: „Wo hast du dich verborgen, Geliebter, und hast mich mit Seufzen zurückgelassen?", wie er seinen *Geistlichen Gesang* beginnt. Doch als er in den ersten Augenblicken des 14. Dezember 1591 in Úbeda in Andalusien seinen Tod herannahen fühlt, da bittet er seine Mitbrüder, nicht die Totengebete für ihn zu verrichten, sondern ihm aus dem *Hohenlied*, dem Liebeslied des Alten Testaments, vorzulesen, worin er – der geistlichen Tradition des Christentums folgend – die Liebe zwischen Gott als dem Bräutigam und der Menschenseele als der Braut besungen sah.

Warum also dieses Schweigen Gottes, diese Erfahrung der dunklen Nacht im Leben des Menschen? Welche Antwort gibt Johannes vom Kreuz darauf?

Eine sehr grundsätzliche Antwort besteht in seiner Überzeugung, daß Gott immer der Haupthandelnde im Leben jedes Menschen ist, zum einen, weil er ihn erschaffen hat, zum anderen aber, weil er ihn ständig neu schafft, was ihn gleichsam mehr Mühe kostet, da es im Menschen widersprüchliche Gemütsregungen und Bestrebungen gibt, die sich diesem Tun Gottes mehr widersetzen als das Nicht, aus dem Gott den Menschen geschaffen hat (1 A 6, 4); denn diese ständige Neuerschaffung des

Menschen kommt dem Menschen selbst oft störend und unverständlich vor, nachdem er sich doch so gut eingerichtet hat in seinem Leben.

Eine zweite Antwort legt die Erfahrung eines Wanderers nahe, die Johannes vom Kreuz gut kannte, denn nach verbürgten Aussagen hat er in seiner Zeit als Provinzvikar in Andalusien im Schnitt täglich 15 Kilometer zurückgelegt. So kann er aus eigener Erfahrung sprechen: „Wenn ein Wanderer in neues, unbekanntes Land gelangen möchte, von dem er keine Erfahrung hat, dann geht er auf neuen, unbekannten und noch nicht erprobten Wegen und läßt sich unterwegs nicht von seinen früher gesammelten Kenntnissen führen, sondern zweifelnd von den Aussagen anderer. Dabei ist klar, daß er nicht in neues Land gelangen und noch mehr wissen kann, als er vorher wußte, wenn er sich nicht auf neue, noch unbekannte Wege begibt und die bekannten verläßt" (2 N 16, 8). Diese neuen Wege kommen dem Wanderer oft eher dunkel als erhellend vor, eben weil sie neu und ungewohnt sind.

Eine dritte Antwort kann sich aus dem gesamten Wesen des Menschen mit seiner Sehnsucht nach Erfüllung, Ganzheit und Vollkommenheit und der daraus folgenden Unruhe im Herzen ergeben, die, wie die Erfahrung zeigt, durch keine Ideologie, auch nicht durch einen scheinbar grenzenlosen Materialismus, ja auch nicht durch frommes Tun mit allen möglichen Riten, Übungen, Methoden und Praktiken gestillt werden kann, wie uns vor allem Menschen wie Johannes vom Kreuz sagen. Seiner Ansicht nach kann der Weg des Menschen zu Gott, sein ganzes Leben selbst, aus drei Gründen eine „dunkle Nacht" genannt werden: „Der erste ergibt sich vom Punkt her, von dem der Mensch ausgeht; denn er muß nach und nach das Streben nach dem Geschmack an allen Dingen der Welt aufgeben, das er besaß, indem er sie zurückstellt; dieses Zurückstellen und Aufgeben sind wie eine Nacht für sämtliche Sinne des Menschen. Der zweite ergibt sich vom Mittel oder vom Weg her, auf dem der Mensch zu dieser Gotteinung gehen soll, was der Glaube ist, der für das Erkenntnisvermögen ebenfalls so dunkel wie die Nacht ist. Der dritte ergibt sich vom Punkt her, zu dem er hingeht, nämlich Gott, der für den Menschen in diesem Leben gerade so viel wie dunkle Nacht ist. Diese drei Nächte müssen durch die Menschenseele hindurchgehen oder besser gesagt, der Mensch durch sie, um zur gottgewirkten Einung mit Gott zu gelangen" (1 A 2, 1). Dabei steht „gottgewirkte Einung" für das Ziel des menschlichen Lebens oder auch für den „Sinn des Lebens", für die Er-

fahrung von Ganzheit, Vollkommenheit und die Erfüllung aller Sehnsüchte des Menschen.
Eines haben diese Antworten alle gemeinsam: Sie setzen einen Gott voraus, der nicht mit Drohgebärde die Einhaltung seiner Gebote und die Erfüllung aller Vorschriften einfordert, sondern den Menschen ohne Wenn und Aber annimmt und liebt. Johannes vom Kreuz geht so weit zu sagen: „Wenn der Mensch Gott sucht, viel mehr noch sucht Gott den Menschen" (Fl 3, 28). Von daher braucht es uns auch nicht zu wundern, wenn er sagt, daß Gott den Menschen „wie eine liebevolle Mutter ihr Kind an ihrer warmen Brust wärmt, es mit köstlicher Milch und leichten süßen Speisen aufzieht, es auf dem Arm trägt und verwöhnt, jedoch nach und nach aufhört, es zu verwöhnen, je größer es wird ..., damit es die Eigenheiten eines Kindes ablegt und sich größeren, wesentlicheren Dingen hingibt" (1 N 1, 2). Das paßt dem Kind natürlich nicht (1 N 1, 2): d.h. der Mensch beginnt zu fragen und Gott nicht mehr zu verstehen und zu meinen, daß er schweige. So wäre das Schweigen Gottes letztlich auf seine Liebe zurückzuführen, und daß echte und tiefe Liebe letzten Endes nicht mehr erklärt werden und oft genug nur noch im Schweigen, das einem bedingungslosen Vertrauen entströmt, ausgehalten und ertragen werden kann, das ist auch oft genug die Erfahrung von liebenden Menschen.
Und wie kommt Johannes vom Kreuz zu diesem bedingungslosen Vertrauen auf einen Gott, den er gerade in den schwierigsten Augenblicken seines Lebens als schweigend erfährt? Durch den Menschen Jesus von Nazareth, der das WORT Gottes schlechthin ist, in dem dieser uns alles gesagt hat, was er uns zu sagen hat, so daß wir keine Offenbarungen, Visionen, Botschaften und dergleichen mehr brauchen: „Wenn du irgendein Wort des Trostes von mir willst", läßt Johannes vom Kreuz Gottvater zu den Menschen sprechen, „dann schau auf meinen Sohn! Wenn du willst, daß ich dir verborgene Dinge und Vorgänge offenbare, dann richte die Augen auf ihn, und du wirst die verborgensten Geheimnisse, und Weisheit und Wunder Gottes finden, die in ihm versammelt sind" (2 A 22, 6). Die Ant-WORT Gottes in sein Schweigen hinein ist also der Mensch Jesus aus Nazareth, auf den sich der Glaube des Johannes vom Kreuz gründet.
Die Verehrung der Menschheit Jesu, der Weg des Menschen zu Gott gleichsam an der Hand des menschgewordenen Gottes, ist auch die Antwort *Teresas von Avila* angesichts der Erfahrung eines schweigenden Gottes. Sie entstammte einer väterlicherseits jüdischen Familie aus

Avila, gehörte aber aufgrund eines vom Großvater bei der Konversion 1485 gekauften Adelsbriefes dem niederen Adel an, wodurch sie zumindest nicht offiziell zur diskriminierten Bevölkerungsschicht der Judeoconversos gehörte, denen der Zugang zu allen Ämtern in Staat und Kirche verwehrt war. Nach ihrem Eintritt in das Karmelitinnenkloster ihrer Heimatstadt Avila 1535 im Alter von zwanzig Jahren erging es ihr dort jahrelang nicht gerade gut, aber nicht, wie meistens nicht ohne ideologische Hintergedanken gesagt wird, weil sie ein oberflächliches Leben führte, sondern weil sie zutiefst ihre Ohnmacht, die Unfähigkeit, ihr Leben selbst zu verändern, zu verspüren bekam. Bevor sie in der Fastenzeit des Jahres 1554 durch ein innerliches Erlebnis vor dem Bild eines Leidensmannes zutiefst aufgewühlt und dadurch verändert wurde, sah ihr seelischer Zustand so aus: „Meine Seele war schon ganz müde, aber ihre schlechten Gewohnheiten ließen sie immer noch nicht in Ruhe, so sehr sie es auch wollte. ... Ich hatte zu mir gar kein Vertrauen mehr, sondern setzte mein ganzes Vertrauen auf Gott. ... Wenn ich an seine Liebe zu mir dachte, faßte ich wieder Mut, denn das Vertrauen auf seine Barmherzigkeit habe ich niemals verloren, das Vertrauen auf mich aber schon oft ... Es wird mir heute noch Angst, wie wenig ich von mir aus fertigbrachte, und wie sehr ich verstrickt war, um mich ja nicht zur Ganzhingabe an Gott zu entschließen“ (Leben 9, 1.3.7. Werke der Teresa von Avila: Efrén de la M. de D., O. Steggink (Hg.), Santa Teresa de Jesús, Madrid ^{2}1967 (und spätere). Deutsche Übersetzung von A. Alkofer, 6 Bände, Kösel Verlag München. Abkürzungen: Leben = „Das Buch meines Lebens“; Weg = „Weg der Vollkommenheit“). Teresas dunkle Nacht bestand vor allem in dieser Ohnmacht angesichts ihrer „schlechten Gewohnheiten“, von denen sie nicht loskam, „so sehr sie es auch wollte“. Und diese dunkle Nacht dauerte in ihrem Leben fast zwanzig Jahre, „mit diesem Stürzen und Aufstehen, einem schlechten Aufstehen, da ich wieder fiel ... Ich kann nur sagen, daß das eine der schmerzlichsten Lebensweisen ist, die man sich vorstellen kann, denn weder erfreute ich mich Gottes, noch fand ich in der Welt meine Befriedigung. Wenn ich mich mit der Welt abgab und dabei daran dachte, was ich Gott schuldete, so verursachte mir das innerlichen Schmerz; wenn ich bei Gott weilte, bedrängte mich die Anhänglichkeit an die Welt“ (Leben 8, 2). Was tat sie angesichts dieser schmerzlichen Erfahrungen von Ohnmacht? Sie schreibt: „Auch neue Entschlüsse und der mühselige Weg, den ich ging, reichten nicht aus, nicht wieder zu fallen, sofern sich nur eine Gelegenheit bot. Mir kamen diese Tränen heuchlerisch vor, und mir war, als sei die Schuld hernach noch größer ... Das ganze Übel aber kam daher, daß ich die Gelegenheiten zum Sündigen nicht mit der Wurzel ausrottete" (Leben 6, 4). Teresa erlebte ihre dunkle Nacht und die Erfahrung eines schweigenden Gottes in einer existentiellen Ohnmacht angesichts ihrer „schlechten Gewohnheiten", und das jahrelang.

Das ist wahrscheinlich die Erfahrung von vielen Menschen. Wenn ihnen von einem Gott gepredigt wird, der die Forderung stellt, vollkommen und sündelos zu werden, um sich ihm nahen zu können, und ihnen, wenn das nicht gelingt, noch mehr Werke der Buße und Sühne und Wiedergutmachung aufgetragen werden, dann nehmen die Schuldgefühle solcher Menschen nur noch zu; einige von ihnen landen beim Psychiater, andere treten aus der Kirche aus, wieder andere leiden still weiter. Was für einen Sinn soll denn auch ein Leben haben, wenn man in seinem religiösen Bemühen und Leben mit Gott trotz ehrlichen und besten Strebens nicht weiterkommt, und wenn der Sinn des Lebens in diesen Erfolg verlegt wird? Eine Frömmigkeit, die in erster Linie auf die frommen Werke und Übungen des Menschen setzt, damit dieser sich heilige und dann Gott wohlgefällig sein könnte, gibt auf diese Frage keine Antwort, sondern vermehrt die Angst der Menschen, trägt allerdings dazu bei, daß diese gefügiger und unterwürfiger werden. Kein Wunder, daß einer solchen Art von Frömmigkeit und Kirchlichkeit immer wieder der Vorwurf von geistlichem Machtmißbrauch und Vergewaltigung der Gewissen gemacht worden ist.

Auch Teresa hat ihre Antwort im menschgewordenen Wort Gottes, im Menschen Jesus von Nazareth gefunden, nicht nur in dem Sinn, daß ihr vor dem Bild des Leidensmannes in der Fastenzeit des Jahres 1554 endlich eine innerliche Verwandlung, ihre zweite Bekehrung geschenkt wurde, sondern auch in dem Sinn, daß sie gelernt hat, an einen Gott zu glauben, „der, obwohl er Gott war, doch auch Mensch war, und sich über die Schwächen der Menschen nicht entsetzt, sondern unsere armselige Lage versteht ... Mit ihm kann ich reden wie mit einem Freund, obwohl er doch der Herr ist" (Leben 37, 6). Und so wird ihre Art des Betens zum Bemühen um eine vertrauensvolle, persönliche Beziehung zu diesem ihrem Gott, die auch dann Bestand hat und Sinn macht, wenn sie keine Erfolge aufzuweisen hat, so wie ja auch eine menschliche Freundschaft ihren Sinn und ihre Begründung in sich hat und sich nicht erst von den gegenseitigen Leistungen her legitimiert. Das bedingungslose Vertrauen ist schließlich der Raum, in dem Wunden aufgedeckt und auch geheilt werden können. Kein Wunder, daß Teresa diese ihre Antwort, die ihr trotz oder besser gerade in der Erfahrung dunkler Nacht geschenkt worden ist, auch anderen weitergeben möchte. Sie tut es, wenn sie sagt: „Jemand, der mit dem inneren Beten, also diesem vertrauensvollen Umgang mit dem menschgewordenen Gott, begonnen hat, soll es ja nicht mehr aufgeben, mag er noch so viel Schlechtes tun, denn das Beten ist das Heilmittel, mit dem er sich retten kann, während ohne es alles viel schwerer wird" (Leben 8, 5). Wohlgemerkt, sie sagt nicht: Wer mit dem Beten begonnen hat, soll sich bemühen, nichts Schlechtes mehr zu tun, sondern: das Beten nicht mehr aufzugeben, weil sie sicher ist, daß durch diese Art des Betens, das ein „Verweilen bei einem Freund ist, mit dem wir oft und gerne allein zusammenkommen, um bei ihm zu sein, weil wir sicher sind, daß er uns liebt" (Leben 8, 5), sich im betreffenden Menschen allmählich ein Wandel vollzieht. Auf diese Weise gerät der Mensch auch nicht unter Druck, etwas leisten zu müssen, sondern lebt aus dem Vertrauen heraus, daß Gott am Werk ist, von dem Teresa überzeugt war, daß „er sich nicht entsetzt, sondern uns versteht". Ihr ganzes weiteres Leben ist von diesem Zeitpunkt an von nichts anderem mehr beseelt als von dem Verlangen, möglichst vielen Menschen davon Kunde und daran Anteil zu geben. Von daher wird sie bereits 1562, aber vor allem ab 1567 zu „einem vagabundierenden Weib und zur ruhelosen Herumtreiberin", wie sie der Päpstliche Nuntius in Spanien in wenig schmeichelhafter Weise nannte, was damals ja höchst gefährliche Konsequenzen haben konnte. Teresa gründete Klöster für Frauen und ab 1568 mit Hilfe des hl. Johannes vom Kreuz auch Klöster für Männer, um vielen die Möglichkeit zu geben, ihre Ideale zu verwirklichen. Als sie am 4. Oktober 1582 starb und am folgenden Tag beerdigt wurde, hat eine der größten Frauengestalten der Kirchengeschichte diese Erde verlassen, die aber dank ihrer Schriften (*Das Buch meines Lebens, Weg der Vollkommenheit, Buch der Gründungen, Die Innere Burg,* 400 erhaltene von schätzungsweise 16.000 *Briefen*) weiterhin ihre Faszination ausübt.

Johannes vom Kreuz und Teresa von Avila: Ein schweigender Gott? Gewiß haben sie, jede der beiden Persönlichkeiten auf ihre Weise, die Erfahrung von dunkler Nacht und somit auch eines schweigenden Gottes gemacht und wie alle Menschen darunter gelitten; doch sind beide ein Beweis dafür, daß sie dadurch gewachsen sind, so daß Johannes vom

Kreuz nicht müde wird, immer wieder von dem „glückseligen Geschick" zu singen, das dem zuteil geworden ist, der diese Nacht *durchschritten hat*, und – wohlgemerkt – nicht gerade in ihr steht. Ihrer Erfahrung nach ist der Gott der dunklen Nacht allerdings kein schweigender Gott, wenn er wohl auch nicht immer sofort und so, wie der Mensch das wünscht, antwortet. Ihr Gott hat vielmehr sehr deutlich gesprochen in seinem WORT, dem Menschen Jesus von Nazareth. An ihm, an seinem Leben, seinem Verhalten, seiner Botschaft und seiner Lehre, schließlich an seinem aus Liebe angenommenen Tod am Kreuz erkannten sie, wie Gott ist: Er ist ein liebender Gott; einer, der möchte, daß die Menschen das Leben haben, und es in Fülle haben. Leben als Christ, und das mag auch eine Antwort auf die Frage sein, warum es den Menschen heute oft so vorkommt, daß Gott schweigt, ist nicht eine Theorie, die zu einer vom Verstand her gegebenen logisch-konsequenten Antwort führt, auch nicht das Einhalten von moralischen Normen und das verstandesmäßige Annehmen von Glaubenswahrheiten; Leben als Christ ist vielmehr in erster Linie das Bemühen um eine persönliche Beziehung und eine täglich von neuem zu lebende Freundschaft mit dem menschgewordenen Gott, die – wie eine menschliche Freundschaft auch – ihre dunklen Nächte und hellen Tage, ihr Schweigen und ihr Reden hat, aber den Menschen allmählich umwandelt. „Wir wollen zusammen gehen, mein Herr! Wohin du auch gehst, dahin muß auch ich gehen, und was du erduldest, das muß auch ich erdulden" (Weg 26, 6), sagt Teresa, und sei es durch Leid und Kreuz hindurch, in welcher Form auch immer sie in das Leben des Einzelnen hineinkommen. Und Johannes vom Kreuz kann auch angesichts von Verleumdungen eine letzte Zuversicht bewahren, weil er einen Stärkeren dahinter am Werk glaubt, von dem er weiß, daß er von ihm geliebt wird, und dem er es zugesteht, daß er machen darf, was er für gut hält, eben weil er sich von ihm geliebt weiß und weil er ihn liebt. So wird es verständlich, daß er am 6. Juli 1591 in bezug auf die gegen ihn angezettelten Verfolgungen schreibt: „Alle diese Dinge machen nicht die Menschen, sondern Gott, der weiß, was gut für uns ist und der es zu unserem Heil fügt. Denken Sie nie etwas anderes, als daß Gott alles fügt; und wo es keine Liebe gibt, da bringen Sie Liebe hin und Sie werden Liebe ernten."

Der prüfende Gott

Über die „Nacht des Glaubens“ bei Edith Stein und Simone Weil

von Hanna-Barbara Gerl-Falkovitz

„Darum darf die Seele Trockenheit und Dunkelheit als glückliche Anzeichen sehen: als Anzeichen, daß Gott daran ist, sie von sich selbst zu befreien. Er windet ihr ihre Seelekräfte aus den Händen. Wohl hätte sie viel damit erwerben können, aber niemals so vollendet, vollkommen und sicher damit wirken können wie nun, wo Gott sie an der Hand nimmt. Er führt sie wie einen Blinden auf dunklen Wegen, ohne daß sie weiß, wo und wohin – doch auf Wegen, die sie selbst beim glücklichsten Wandeln durch den Gebrauch ihrer eigenen Augen und Füße nie gefunden hätte. Dabei macht sie große Fortschritte, ohne es selbst zu vermuten, ja in der Meinung, verloren zu sein.“

Das Zitat stammt aus der *Kreuzeswissenschaft*, der unvollendeten Arbeit Edith Steins über ihren Ordensvater Johannes vom Kreuz (Edith Stein, Kreuzeswissenschaft. Studie über Johannes vom Kreuz, Edith Stein Werke, Band I, Freiburg ^{2}1954, 122). Damit sind zwei große Namen genannt, verflochten in das Helldunkel ihrer jeweiligen Zeit, beide von der scheinbaren Abwesenheit Gottes geprüft.

Edith Stein ist mittlerweile in eine außerordentliche Bekanntheit eingerückt. Dies verdankt sich ihrem ungewöhnlichen Lebensweg: 1891 in Breslau in einer jüdischen Familie geboren, wird sie ab 13 Jahren „Atheistin“, als Gymnasiastin und Studentin Frauenrechtlerin, Schülerin des bedeutenden Philosophen Edmund Husserl, bei dem sie 1916 *summa cum laude* promoviert und dessen Assistentin sie wird – die erste deutsche (Privat)Assistentin in Philosophie! Dann erfährt das hochstrebende Leben einen Umschwung durch große Leiden. Darunter sind zwei mißlungene Beziehungen, die eine Antwort auf die Liebe der jungen Frau verweigern. Am Ende einer mehrjährigen unschlüssigen Wanderung durch die christliche Literatur springt der Entschluß zur Taufe auf in einer „einzigen Nacht“ mit Hilfe der Lebensbeschreibung Teresas von Avila. Edith Stein wird acht Jahre lang Lehrerin in Speyer (1923-31) und für ein Jahr Dozentin in Münster (1932), bis die Ariergesetze sie 1933 dieser Möglichkeit berauben. Schließlich wird sie 1933-1938 Karmelitin in Köln und ab 1939 in Echt (Holland), wo sie am 2. August 1942 – nach einem holländischen Brief gegen die Judenverfolgung – von der Gestapo abgeholt und wahrscheinlich am 9. August 1942 zusammen mit ihrer Schwester Rosa in Auschwitz getötet und spurlos verbrannt wird.

Die Wende der schlesischen Jüdin vom Atheismus zum Christentum, der Eintritt in den Karmel, der Tod in Auschwitz und die Heiligsprechung 1998 zeigen ein reich begabtes und tief gedemütigtes Leben: In seiner ersten Hälfte strebt es steil und selbstsicher nach oben, macht wissenschaftliche „Karriere", kennt keine wirklichen Widerstände; bis es sich in der zweiten Hälfte nach unten und innen beugt, ins Unauffällige zurückgeht, schließlich in einem Grauen verschwindet. Hier wird die Nachfolge Jesu gelebt: durch eine Jüdin, Atheistin, Philosophin, Mystikerin, Martyrerin des 20. Jahrhunderts. Zugleich wird die „Gottesfinsternis" dieses Jahrhunderts durchdacht: im Grenzgebiet zwischen Philosophie und Theologie, verbunden mit einem wunderbar tiefen mystischen Element.

Johannes vom Kreuz hingegen ist ein Spanier der Gegenreformation des 16. Jahrhunderts, Mitkämpfer für die Reform der Karmeliter an der Seite der großen Teresa von Avila, von seinem eigenen Orden mehrere Monate unter dem Verdacht der Häresie gefangengesetzt und täglich gegeißelt (wobei die ausführenden Novizen weinten); ein Dichter, der in dieser Gefangenschaft das vielleicht größte und bezaubernste Gedicht spanischer Sprache schrieb: *„En una noche oscura"* – „In dunkler Nacht". Ein Mann, der an eindringender Seelenkenntnis und Gottesnähe nur mit Teresa vergleichbar ist.

Daß Edith Stein in den Karmel eintrat und die Welt der Philosophie verließ, entsprach einer neuen Art von Wissen; sie nennt es in ihrem letzten Buch – schreibend wird sie verhaftet – *Kreuzeswissenschaft*, wie sie selbst nach eigenem Willen Theresia *Benedicta a cruce*, die *vom Kreuz Gesegnete* hieß. Entstanden ist diese Arbeit zum 400. Geburtstag des Johannes vom Kreuz 1942. Überhaupt verknüpfen sich die Lebensdaten der beiden Gestalten eigenartig: Johannes vom Kreuz 1542-1591, Edith Stein 1891-1942. Zwei Einblicke in die von beiden erfaßte „Nacht des Glaubens" seien im folgenden eröffnet.

Drei Nächte der Prüfung. Nach Johannes vom Kreuz führt jedes Leben mit innerer Notwendigkeit einen bestimmbaren Weg entlang. Die innere Notwendigkeit läßt sich genauer benennen: Es ist die Anziehungskraft, Formkraft Gottes selbst, die das Dasein in Bewegung setzt. Leben hat von vornherein ein Gefälle (oder einen Anstieg: die räumlichen Bilder sind hier unscharf) – jedenfalls eine Dynamik, die mit dem antreibenden Gott zu tun hat.

Wird dieser Antrieb mit Wissen und Willen gesucht, ersehnt, in der Hingabe des Glaubens herausgefordert – so kümmerlich diese Hingabe, so vorläufig und ihrer selbst unsicher sie auch ist –, so scheinen Stationen eines Weges auf. Er verläuft nicht „irgendwie". Der darauf Wandernde geht zwar allein, ist auch tatsächlich allein; dennoch gibt es einen Austausch: „Anleitungen" für später Kommende, die auf eine Wegstrecke und Zeit hin hilfreich sind. Eine solche „Gesetzmäßigkeit" des inneren Lebens also zeichnet Edith Stein nach, um Geduld und auch Trost zu vermitteln.

Denn in der Regel dieses Weges tritt etwas ein, das sich der Glaubende möglicherweise als Schuld zurechnet: das Phänomen einer Nacht. Edith Stein nennt sogar drei Nächte, scheinbares Erlöschen des inneren Feuers, in Wirklichkeit endgültiges Aufgehen Gottes in der endlich unverschlossenen Seele. Und das Öffnen der Verschließung geschieht seltsam, unerwartet, ja scheinbar gegenläufig: durch die Nacht der Sinne, die Nacht des Geistes, die Nacht des Glaubens. Diese drei Nächte sind nicht gleich in Qualität, sie meinen sich vertiefende Dunkelheit.

Was Edith Stein nun – Johannes vom Kreuz folgend – zur Sprache bringt, gehört zum ewig Mißverstandenen des christlichen Weges – aufgrund der Tatsache mißverstanden, daß der Weg nur in der Bitterkeit des Wanderns seine Lehre preisgibt. Im Grunde nämlich meint der Weg das *Abenteuer* der voraussagbaren Stationen: Verlust der eigenen Seele und ihrer Bilder, auch der religiösen Bilder, ja gerade dieser! Verlust des Geistes, seiner so notwendigen rationalen Klärungen, und: Verlust Gottes.

So führt der christliche Weg nicht selten fort vom „normal" Religiösen. Zuerst trocknet er es einfach aus. Die „reinigende Trockenheit der dunklen Nacht" verliert nämlich als erstes den Geschmack. „Alle frommen Übungen erscheinen ihnen nun geschmacklos, ja widerwärtig. ... Die Seele [findet] auch an den Geschöpfen keinen Geschmack, ... während der sinnliche Teil aus Mangel an Genuß sich schlaff und kraftlos fühlt."

Simone Weil

„Zwei Gefangene in benachbarten Zellen, die durch Klopfzeichen gegen die Mauer miteinander verkehren. Die Mauer ist das trennende zwischen ihnen, aber sie ist auch das, was ihnen erlaubt, miteinander zu verkehren. Das gleiche gilt für uns und Gott. Jede Trennung ist eine Verbindung." (aus: *Das Unglück und die Gottesliebe*)

Und doch drückte der Geschmack etwas Kostbares aus: das Kostbare aller Schöpfung, ihre wundervolle Faszination, ihre geschaffene, also auf Gott durchsichtige Schönheit. Der Geschmack ehrt dies ja, indem er anspringt. Und Ehrung heißt durchaus nicht Übermaß und schlechte Sinnlichkeit, die notwendig zu beschneiden ist, vielmehr ist es die noble Sinnlichkeit, das schöne und selbstverständliche Antreffen Gottes in den heimatlichen Zeichen seiner Schöpfung, allgegenwärtig im Guten jedes All-Tags: „Sie werden vielmehr von Gott behandelt wir kleine Kinder von einer zärtlichen Mutter, die sie auf ihren Armen trägt und mit süßer Milch nährt; es wird ihnen bei allen geistlichen Übungen – bei Gebet, Betrachtung und Abtötungen – reichlich Freude und Trost zuteil."

Eben dies wird in der Wanderung des Lebens ausgetrocknet: die Sinne und mit ihnen die religiöse Sinnlichkeit, Grund und Heimat aller religiösen Anlage. Nochmals: nicht ausgetrocknet, weil es an sich schlecht wäre. Warum aber dann? Die Antwort bleibt hier offen, oder genauer: die Herausforderung verschärft sich. Gewonnen ist zunächst „ein Verlangen nach Einsamkeit und Ruhe", bereits unter dem Zeichen, nichts Bestimmtes mehr zu denken oder zu wollen: „daß sie ihre Seele frei und unbehindert von allen Erkenntnissen und Gedanken und in Ruhe bewahren, ohne sich darum zu kümmern, was man denken und betrachten soll; es genügt, wenn sie in einem ruhigen und liebenden Aufmerken auf Gott verharren und jede Besorgnis, jede Tätigkeit und jedes übermäßige Verlangen, Gott wahrzunehmen und zu kosten, ausschließen."

Die gewonnene Freiheit ist, schlichter ausgedrückt, Leere und Ruhe. Ein karges Erlebnis also, das freilich noch weiter beschnitten wird. Edith Stein nennt eine nächste Durchkreuzung natürlicher Vorgaben: die Nacht des Geistes. Hier kommt etwas anderes abhanden: die Fähigkeit des Diskursiven, also das schrittweise, gliedernde Denken, das sein Ergebnis auf den Begriff bringt. Das Geschäft der Theologie, unbeschadet seines akademischen Sinnes, endet, gerade weil es ein Weg ist: am Nicht-Weg. Die Hilfestellung des Geistes ist nicht falsch, im Gegenteil. Aber: Gott kann auch die Theologie außer Kraft setzen. „Unter 'unwegsames Land' aber versteht Johannes die Unfähgkeit, durch diskursives Denken sich einen Begriff von Gott zu machen oder durch nachforschendes Denken mit Hilfe der Einbildungskraft voranzukommen."

Als Ergebnis bleibt hier die „Hilflosigkeit" im Weglosen. Hilflosigkeit und Leere also: die ersten Früchte der Wanderung. Doch indem sich die

Bilder und Begriffe außen verflüchtigen, keimt innen Neues, aber kein Gegenstand, sondern Haltungen, eine offene Spannung: „Durch ihre Hilflosigkeit wird die Seele auch unterwürfig und gehorsam; sie sehnt sich nach Belehrung, um auf den rechten Weg zu gelangen. ... So geht es mit allen Unvollkommenheiten. Mit ihnen entschwindet dann auch alle Verwirrung und Unruhe. Statt dessen zieht ein tiefer Friede ein und eine ständige Erinnerung an Gott."

Schließlich, unheidnisch, unmagisch, auch im Christentum selbst nicht häufig ergriffen: die „Nacht des Glaubens". Dieser gedrängte Ausdruck muß richtig aufgefaßt werden: Er meint nicht einfachhin, daß der Glaube Nacht aushalten muß. Er meint, ein Brett religiöser Sicherheit unter den Füßen wegziehend: *Der Glaube erzeugt Nacht.* Hier liegt der Grund für den Ungeschmack und die Weglosigkeit der vorausgegangenen Stationen, weil die gewonnene offene Haltung „der Seele die von Gott selbst geoffenbarten Wahrheiten zum Glauben vorlegt, Wahrheiten, die über jedes natürliche Licht erhaben sind und allen menschlichen Verstand ohne jedes Verhältnis überragen. Daher kommt es, daß dies überhelle Licht, das der Seele im Glauben zuteil wird, für sie dunkle Finsternis ist, denn das Größere beraubt und überwindet das Geringere."

Im Glauben wird nicht an etwas oder an jemanden geglaubt – wie an einen Gegen-Stand, der notwendig an mir sein Maß nimmt, von mir gefaßt wird. Der Glaube ist fassungslos, „für die Seele völlig dunkle Nacht". Glaube ist der Zustand des Verlustes. Verlust nämlich der eigenen Maßstäblichkeit, weit über den Bilderverlust hinaus, Verlust seiner selbst, Umschlag des Ergreifens in ein Ergriffenwerden, Aushalten eines Abstandes zu Gott, den man selbst nicht mehr überbrückt.

„Stützt sie [die Seele] sich noch auf ihre eigenen Kräfte, so bereitet sie sich nur Schwierigkeiten und Hindernisse. Für ihr Ziel ist das Verlassen des eigenen Weges gleichbedeutend mit dem Betreten des wahren Weges. ... Durch das Hinausgehen aus ihren natürlichen Schranken, innerlich und äußerlich, geht sie ohne Schranken ein in das Übernatürliche, das auch keinerlei Art und Weise mehr kennt, weil es in seinem Wesen alle Arten besitzt."

In dieser weiselosen Fülle des Ganzen sind die seelisch-selbsterstellten und die rational-begrenzten Gottesbilder aufgehoben, von der Wirklichkeit gelöscht. Gottes Geist übersteigt seine eigenen Zeichen.

Schließlich etwas unbegreiflich Bleibendes: der Weg der „gediegenen Vollkommenheit", die *via crucis* selbst. „Dies ist das reine geistige

Kreuz, die Blöße der Armut im Geiste Christi.“ Johannes vom Kreuz wählt hier das Wort „Vernichtung“: das Leer-Werden an sich selbst. Übrigens läßt sich dieser unbegreifliche Vorgang grundsätzlich nicht wollen, anstreben, noch nicht einmal herbeiführen. Edith Stein, trocken, unpathetisch, kommentiert: „Er kann sich zur Kreuzigung ausliefern, aber er kann sich nicht selbst kreuzigen. Darum muß das, was die aktive Nacht begonnen hat, durch die passive Nacht vollendet werden, d. h. durch Gott selbst.“ Dies ist der Endpunkt in jedem Sinne: die Zerschlagung der Gottesbeziehung durch Gott selbst. Übrigens nicht mutwillig und einfachhin aus dämonisch empfundener Lust Gottes an einer solchen Zerschlagung (wie nicht selten unterstellt). Johannes vom Kreuz sieht in der Zerschlagung vielmehr die Wahrheit des längst zerbrochenen, und zwar vom Menschen zerbrochenen Verhältnisses aufgedeckt, gleichsam endlich klargemacht und in seiner bösen Wahrheit offengelegt. An der gekrümmten Gestalt Jesu äußern sich dieser Bruch und die Rücknahme des Bruchs, „denn in jedem Zeitpunkt ließ er ihn ja ganz ohne Hilfe, damit er völlig entäußert und gleichsam vernichtet, wie aufgelöst in Nichts, die Schuld tilge und den Menschen mit Gott vereine“. Im Grunde geht der Gottesknecht in das Nichts des Menschen ein, um es sichtbar zu machen.

Die Früchte der Prüfung. An dieser kaum zu berührenden und nicht zu ertragenden Stelle setzt ein anderer unausdenkbarer, lebendiger Vorgang ein: Die Leiden werden umgekehrt und aufgehoben.

Voraussetzung der Umkehr ist – davon wurde gesprochen – die ausdrückliche Unzulänglichkeit von Sinnen, Phantasie, Verstand, Wille gegenüber allem, was Gott betrifft. Der Wahrheit näherkommen heißt zunächst, der Wahrheit dieses Versagens endlich Raum zu geben. „Darum muß man, um zu Gott zu gelangen, ‘vielmehr dahin trachten, ... nicht zu verstehen, als verstehen zu wollen; ... eher blind werden und sich in Finsternis versetzen ..., als die Augen öffnen’.“ Eben darin überwindet Gott von sich aus den ungeheuren Abstand, eben in diesem Zustand wirkt seine Souveränität; er blendet die innere Wahrnehmung mit einem „Strahl der Finsternis“.

Bei diesem merkwürdigen Bild sei verweilt, denn es erweist sich als von große Genauigkeit. In diese Leere hinein erfolgt unmittelbar die Mitteilung Gottes selbst, ohne alle verengende, verkleinernde Eigentätigkeit des Menschen. Das Dunkel entbindet ihn zu einer Vereinigung, die dem hellen, in sich eingewurzelten Selbst undenkbar, unmöglich, vielleicht unsinnig vorkommt. Nur die „tiefe, schreckliche und überaus schmerzliche Zerstörung der natürlichen Erkenntniskraft“ macht sofort gesund. So gesund, daß genau jetzt „die erhabenen, fremdartigen Berührungen der göttlichen Liebe“ empfunden werden. So ursprünglich, daß alles Verlorene restlos, aber neu zurückkommt. „Dies erscheint nun der Seele so fremdartig und so verschieden von jeder menschlichen Auffassungsweise, daß sie ganz außer sich gerät. Manchmal meint sie, verzaubert oder in Verzückung zu sein, sie staunt über die Dinge, die sie sieht oder hört; sie kommen ihr ganz fremd und ungewöhnlich vor, obwohl es dieselben sind, mit denen sie gewöhnlich zu tun hat.“

Solche Wiedergeburt fällt genau mit dem Untergang des Natürlichen (des Verstandes, des Willens) zusammen – und darin liegt das Paradox. Was Trockenheit, Dunkel, Verlorensein, Leiden heißt, heißt – ganz unten angekommen oder am Boden der Entbehrung aufgeschlagen–: Geborgenheit, Läuterung, Kraft. Gefaßt ist diese unglaubliche Spannung in der wunderbaren Wendung: „Im Dunkel wohl geborgen“. Die beiden Seiten der Spannung sind beide ernst zu nehmen, sie schwächen sich nicht aneinander ab. Das Dunkel gilt in seiner Bedrohung, die Bergung gilt in ihrer Seligkeit. Im Grunde erlaubt Gott sich die Zumutung des Leidens, „weil man im Leiden Kraft von Gott empfängt“. So gilt das Paradox, „daß das Licht den Finsternissen entspricht“, aber es gilt unsymmetrisch: Die Finsternis ruft nach dem Licht, erzwingt das Licht – aber nicht umgekehrt. Der Tod steht nicht in gleichgültiger Balance zum Leben. Er ist dessen bitterer Widerpart und stürzt doch, am Boden der Bitterkeit, auf das Leben zu. Dies geschieht aus einem beispiellos souveränen Willen: „So hat Gottes Hand tötend den Tod in Leben gewandelt.“

Leiden hat keinen Zweck, aber ein Wille, das Antlitz Gottes, gibt ihm Sinn. Besser gesagt: Der Sinn taucht zugleich mit diesem Antlitz auf (und verliert sich mit ihm). Mit dieser göttlichen Umkehrung kann man nicht rechnen, man kann sie noch nicht einmal bis zum Grunde denken – man kann sie leben oder wohl eher: von ihr eingeholt werden.

Zusammengefaßt werden all diese Paradoxien durch das Wort, das Edith Stein liebte: *„Ave crux, spes unica*“ – *„Ich grüße dich, Kreuz, du einzige Hoffnung*“. Kreuz und Hoffnung werden normalerweise nicht zusammen genannt, weil es einer langen Erfahrung bedarf zu begreifen, daß immer zwei Pole zusammengehören, die sich für den gesunden Menschenverstand ausschließen: Einwilligen in die Entfremdung *und* Erlösung, Aufgeriebenwerden *und* Heilwerden, Verstummen *und* Hörbarmachen. Edith Stein ist ein modernes Beispiel dieser Einsicht, an welche wir auch zuweilen rühren, ohne sie deswegen einzuholen. Aber vielleicht kann das Nachdenken helfen, dieses Ergriffenwerden auch an sich selber wahrzunehmen, wenn man von außen gesehen in Verwirrung, Entfremdung, Zerstörung gerät. Das mag die Hilfe sein, die Edith Stein und Johannes vom Kreuz heute bieten. Sie denken und leben jene Prüfung, unter der menschliches Leben geführt werden muß: Heilwerden im Unheilen.

Simone Weil (1909-1943) steht in Nähe und Ferne zu Edith Stein: auch sie eine Brücke zwischen Judentum und Christentum, auch sie eine Philosophin von hohen Graden, jedoch in ihrem existentialistischen Denkansatz und fast eigenzerstörerischen, schonungslosen Leben der 18 Jahre älteren Zeitgenossin auch wieder fern.
Simone Weil, die im August 1943 – ein Jahr nach Edith Stein – an Entkräftung im englischen Exil stirbt, zeigt eine Leidenschaft für alles Geistige, eine Sehnsucht für das Heilige, die bis zur Heftigkeit geht und ihr kurzes, 34jähriges Leben aufreibt. Als französische Jüdin glaubenslos erzogen (von der Mutterseite her mit Karl Marx verwandt), stürzt sie sich in die Philosophie, erschöpft sich selbst im Eigenexperiment am Fließband in der Fabrikarbeit bei Renault, wirft die marxistische Denkwelt und das gewerkschaftliche Organisieren rasch ab, das ihr den Namen „die rote Jungfrau" einbrachte, geht während der Nazizeit in die französische Résistance, wird erschüttert durch mehrere Christusbegegnungen. Mit den Dominikanern in Marseille befreundet, vergleicht sie das Christentum mit anderen Religionen und weisheitlichen Schulen, will aber mit den „Unglücklichen" außerhalb, an der Schwelle der Kirche bleiben. Trotz ihrer lebensbedrohlichen Schwäche verweigert sie 1943 im englischen Krankenhaus von Ashford zusätzliche Nahrung. So stirbt sie, die noch in den letzten Lebenstagen von einer verblüfften Freundin getauft zu werden wünschte, und hinterläßt Hefte, *Cahiers*, mit eindringlichen, beunruhigenden Gedanken.

Der Sohn im Leiden: Die Nacht Gottes. In Simone Weils Denken heißt die Grundspannung: Gott in seiner Seligkeit auf der einen Seite – die Schöpfung in ihrer dreifachen Fixierung in Zeit, Raum und Materie auf der anderen Seite. Dabei ist Christus am Kreuz der letzte Gegenpol zu

Gott selbst, das eigentliche Schaustück und Schauspiel der Schöpfung, ist er doch wie sie im Tiefsten und Letzten dem Naturgesetz unterworfen. Der Vater also und der Sohn als die zwei Extreme: der Freie und der Fixierte.

„Und er selbst ist, weil kein anderer es tun konnte, bis in die äußerste Entfernung, den unendlichen Abstand von sich selber hinausgegangen. Dieser unendliche Abstand zwischen Gott und Gott – äußerste Zerreißung, Schmerz, dem kein anderer gleichkommt, Wunder der Liebe –, dieser Abstand ist die Kreuzigung. ... Diese Zerreißung, über welche die höchste Lieben das Band der höchsten Einigung ausspannt, hallt unaufhörlich durch das ganze Weltall, vom Grunde des Schweigens, gleich zwei getrennten und verschmolzenen Tönen, als eine reine, eine herzzerreißende Harmonie" (Simone Weil, Das Unglück und die Gottesliebe, in: Otto Betz (Hrsg.), Simone Weil. Aufmerksamkeit für das Alltägliche, München 1987, 86).

Wer fragt, warum Gott seinen Sohn am Kreuz enden ließ, erhält hier den ungewöhnlichen Hinweis: Das Kreuz ist der letzte Gegenpol zu Gott selbst, sein eigentliches Eingehen und Aufgehen in der Schöpfung. Die Schöpfung ist der Weg vom seligen zum gekreuzigten Gott, vom Gott zum Nichtmehrgott. Schon als Gott etwas anderes schuf, nahm er sich selbst zurück, um der Schöpfung überhaupt Raum zu geben: Die Welt, wir alle sind Selbstrücknahme Gottes. Am Kreuz hat er seine Menschwerdung zu Ende geführt, wurde er ganz zur Welt, zu unserer Gestalt. Aber: Ganz unten, wo Gott im menschlichen Leiden abwesend scheint, erscheint zugleich schlagartig seine Liebe, seine Anwesenheit. In der Tiefe seiner Selbstverbergung wird seine Gegenwart deutlich. Plötzlicher, atemloser Umschlag (den Simone Weil offenbar selbst erlebte): Vom Nichts springt man in Alles zurück – übergangslos, nur durch das Ankommen am äußersten Extrem, dort wo der Fuß des Kreuzes steht und wo Christus hängt. Und zwischen dem Kreuz und Gott hört Simone Weil das herzzerreißende Leid, das jedes Leiden, jede Finsternis umgreift: die Stimme Gottes selbst, die Harmonie, welche seine unangetastete Souveränität mit seiner äußersten Auslieferung zusammenspannt.

Wieso aber ist der Gekreuzigte augenfälligster Ausdruck der Schöpfung? Schon Platon – so Simone Weil – sah den Buchstaben Chi (X, das Andreaskreuz) dem Himmelsgewölbe eingezeichnet. Das Kreuz ist immer schon, längst vor der zeitlichen Kreuzigung Jesu, der Schöpfung eingeschrieben, allein schon durch die Tatsache der Notwendigkeit: Notwendigkeit ist das alles durchwirkende, zwingende Naturgesetz, das bis in die Psyche hineinreicht (nur an deren oberste Spitze nicht rührt, wo die Liebe einsetzt). Jedes Geschöpf, ob lebendig oder tot, steht unter dem Gesetz des Notwendigen, ist damit fixiert, unter Zwang, unfrei. Und auch die Fixierung des Kruzifixes drückt nichts anderes aus als die Fixierung aller durch die Endlichkeit: den endlichen Raum, die endliche Zeit, die endliche Materie.

Dieser *Notwendigkeit* gehorcht das Universum, allein durch die Tatsache, daß es dem Gesetz folgt: dem Wachstum und Zerstörtwerden. Allein durch die Tatsache, daß es notwendig ist, wie es ist. Der Mensch kann sich der Notwendigkeit verweigern, nicht wollen: dann wird er gezwungen, ihr trotzdem zu folgen. Er kann ihr aber auch freiwillig gehorchen: als der Hund, der dem Zug der Kette von selbst folgt. Freiwillig das tun, was man tun muß – das ist die eigentlich menschliche Haltung. Vollständige Unterwerfung unter die (Natur-)Notwendigkeit – damit folgt man Christus nach, in der Nachahmung des Kreuzes = der Naturfixierung. *Aufmerksamkeit* auf das notwendig Geschehende ist die menschliche Zustimmung zum Geschehenden. Denn der Unterschied von Stein und Mensch zeigt sich darin: der Stein ist notwendig, wie er ist; der Mensch stimmt dem, wie es ist, zu.

In dieser harten Zweierstruktur von freiem Vater und fixiertem Sohn (der die Schöpfung in ihrem Grundriß ist) gibt es kein Mittleres, keine Brücke, nur Umschlag von da nach hier: Es gibt nur die Begegnung in der „Hölle“ des Daseins. Aber keine Brücken außer dem Leiden, keine Sakramente, Zeichen der geglückten und von ihm hergestellten Begegnung. Die Schönheit ist eine gewisse Ausnahme, ebenso die Haltungen wie Barmherzigkeit, Gerechtigkeit, Liebe (Beziehungen), ebenso Intelligenz (theoretisch wie praktisch). Aber sie sind selbst Frucht der Zustimmung zum Zwang, selbst durch das Leiden gegangen und nur in ihm sinnvoll.

„Unsere Seele macht beständig Lärm, aber es gibt einen Punkt in ihr, der Schweigen ist und den wir niemals vernehmen. Wenn das Schweigen Gottes Eingang findet in unsere Seele, sie durchdringt und dort sich jenem Schweigen verbindet, das heimlich in uns gegenwärtig ist, dann haben wir hinfort in Gott unseren Schatz. ... Es gibt nur zwei Spitzen, die durchbohrend genug sind, um derart in unsere Seele Eingang zu finden: das Unglück und die Schönheit“ (Simone Weil, Zeugnis für das Gute.

Traktate, Briefe, Aufzeichnungen, herausgegeben und übersetzt von Friedhelm Kemp, Olten und Freiburg [2]1979, 48 f.).

Das *Unglück* und die *Schönheit* zählen zu Simone Weils Schlüsselwörtern. Beide liebt sie, als jene Verwundungen, die zu Gott ziehen: das eine in der Trauer, das andere im Entzücken. Beide öffnen die sonst undurchdringliche Wand, die Ich heißt. Zumeist schirmen wir die Wirklichkeit draußen ab, vor der Tür der Selbstliebe, und lassen nur herein, was uns behagt. Damit versäumen wir aber das Leben. Und so muß es mit wehtuender Gewalt kommen (auch die Schönheit schmerzt), um überhaupt durchzudringen. Geschieht das aber, dann treffen das Unglück und die Schönheit, diese beiden Speerspitzen des Lebens, in uns eine Stelle, die uns selbst zuvor unbekannt blieb. Wir ziehen nämlich nicht nur eine Mauer nach außen, wir bilden auch eine Wand gegen etwas Kostbares nach innen: die Stelle des Schweigens, der reinen Gegenwart, dort, wo wir selbst warten. Dort ist die Stelle frageloser Freude an Gott, unverlierbarer Berührung mit ihm. Und so sollten wir das Unglück und die Schönheit lieben, beide, weil sie die äußere wie die innere Wand mit ihrer jeweiligen Wucht niederlegen und das Tiefverwandte öffnen: unsere und Gottes wortlose Begegnung.

Als Problem bleibt: Simone Weil denkt mit äußerster Erfahrung die Gegenwart Gottes in seiner entleerten und unfreien Schöpfung selbst. Hier spricht sie mit stärkster Autorität des Selbsterlebten, selbst Berührten, selbst unmittelbar Sehenden. Die Gegenwart Gottes ist ihr evident in den normalsten Abläufen, eben weil es Abläufe sind.

Aber das Christentum kennt zwei Verwirklichungen des logos: den menschgewordenen logos und den weltgewordenen logos (wie es Edith Stein in ihren philosophischen Hauptwerk *Endliches und ewiges Sein* unterscheidet). Simone Weil läßt das erste, das menschgewordene Wort, außer Acht und kennt nur das zweite, seltener betrachtete: den kosmischen Christus. Daher ist ihr Christus in seiner konkreten, einzigartigen, geschichtlichen Gestalt fremd, als Jesus von Nazareth unwichtig. Aber Christus in den Zeugnissen der alten Philosophien (Indiens wie Griechenlands) und in den Zeugnissen ihrer Augen, wenn sie die Welt betrachtet, springt ihr in die Augen. Es ist gleichsam Christus als Struktur des Seienden, und hier wiederum nur der gekreuzigte Christus. Die Menschlichkeit Jesu, die sich zwischen Fleischwerdung und Auferstehung (nicht nur bis zur Kreuzigung) ausspannt, das Freudige an ihm, gerät aber nicht in den Blick, wird nicht als „Gesetz dieser Welt" empfunden. Deswegen ist aber auch der weltgewordene logos nur einseitig in seinem weltgewordenen Leiden erfaßt, nicht in seiner weltgewordenen Freude. Gott trifft sich mit dem Menschen in der Hölle. Warum nicht in der Freude? Weshalb kann die Schöpfung nicht auch über die bloße Notwendigkeit hinaus ihr Wesen haben? Ihr Wesen vielleicht sogar weit mehr durch anderes als die Notwendigkeit bestimmt sein? Weist sie nicht etwas freudig Begegnendes auf? Muß Schönheit nur als gesetzmäßiges Gehorchen verstanden werden?

Was anregend, vielleicht gültig bleibt bei Simone Weil, ist das kosmische Leiden und das Kosmos gewordene Leiden Christi. Die ist jedenfalls mit äußerstem Zeugnis vorgetragen. Und es ist ihm mit äußerster Bereitwilligkeit der Nachahmung zugestimmt.

„Zwei Gefangene in benachbarten Zellen, die durch Klopfzeichen gegen die Mauer miteinander verkehren. Die Mauer ist das trennende zwischen ihnen, aber sie ist auch das, was ihnen erlaubt, miteinander zu verkehren. Das gleiche gilt für uns und Gott. Jede Trennung ist eine Verbindung" (Simone Weil, Das Unglück und die Gottesliebe, in: Otto Betz (Hrsg.), Simone Weil. Aufmerksamkeit für das Alltägliche, München 1987, 86).

Gott allein

Über Schweigen und Reden Gottes und des wartenden Menschen

von Abt Christian Schütz OSB

In den Erzählungen der Wüstenväter, einer anekdotenhaften Sammlung von Aussprüchen und Begebenheiten der ersten Mönche, wird berichtet, wie eines Tages einer der Mönche von einem Engel des Lichtes besucht wird, der sich als Erzengel Gabriel vorstellte. Die Reaktion des Gottesmannes paßt ganz und gar nicht in das Klischee, das man sich von ihm macht. Statt den Himmelsboten mit Freude zu empfangen, schickt er ihn weg mit der Bemerkung: „Siehe, ob du nicht zu einem anderen geschickt wurdest; denn ich bin nicht würdig, daß ein Engel zu mir geschickt würde." Das hatte der verschmähte Gast nicht erwartet. Auf der Stelle ließ er seine Maske fallen und entpuppte sich als verkleideter Teufel. Es dürfte einem Mönch heute nicht schwer fallen, im Verhalten dieses Wüstenbewohners sich selber wiederzuerkennen. Mönche gelten in der Regel als Fachleute in Fragen und Sachen Gottes. Man erwartet von ihnen, daß sie genau Bescheid wissen, was es mit Gott auf sich hat, wo man ihn findet, wie man mit ihm umgeht und wozu er gut ist. Wer über eine entsprechende Langzeiterfahrung im Leben als Mönch und im Umgang mit Mönchen verfügt, wird die erwähnten Vorstellungen mit einem großen Fragezeichen versehen. Das geschieht nicht aus Feigheit, Untertreibung, Anbiederung oder Verweigerung, sondern aus existentieller und gläubiger Redlichkeit.

Auf der Suche nach Gott. Ein Mönch, der heute und im Heute lebt, entdeckt sich wohl am ehesten in jenem Bild, das die Benediktsregel vom Anfängertyp des klösterlichen Lebens zeichnet als einem, der sich auf der Suche nach Gott befindet. Das Programmwort „Suche" ist in diesem Zusammenhang ganz ernst gemeint. An ihr nehmen nicht nur alle Fähigkeiten und Kräfte, sondern auch alle Erfahrungen, Ereignisse und Wahrnehmungen des Menschen teil, sie erstreckt sich über alle Phasen, Höhen und Tiefen menschlichen Lebens. Wer sich auf diese Suche einläßt, der muß damit rechnen, in eine anstrengende Auseinandersetzung verwickelt zu werden, die den Mönch in mehrere Richtungen weist.

Ein geistliches Leben, wie es von ihm erwartet wird, kann unmöglich auf die Hilfe der Theologie, des Glaubenswissens und der Erkenntnis Gottes verzichten. Der Mönch muß sich auskennen, was den Umgang des Menschen mit Gott betrifft, er muß wissen, was andere vor ihm darüber gewußt, erkannt und erfahren haben, um seinen Weg finden und begründen zu können. Der Verstand ist ihm dabei ein Licht, das ihn bei der Unterscheidung zwischen Gott und Nicht-Gott, Wirklichkeit und Begriff, Geheimnis und Erkenntnis unterstützt. Der Theologe im Mönch wird in diesem Rahmen ein geschärftes Empfinden für die Reichweite, die Grenze und Gefährlichkeit der menschlichen Ratio entwickeln; er weiß mehr als nur intellektuell um den unaufhebbaren Unterschied zwischen Gott und Gottesbild. Ob es ausreicht, die Wahrheit Gottes mit den beiden Händen des Verstandes und des Gebetes anzuflehen? Der Mönch im Theologen kennt die leidvolle Versuchung zur Verschleierung, die in der rationalen Erhellung Gottes liegt. So schlägt er sich mehr und mehr auf die Seite jenes Thomas von Aquin, der bekennt: „Die höchste Gotteserkenntis, die wir in diesem Leben von Gott haben können, besteht darin, einzusehen, daß Gott alles übersteigt, was wir von ihm denken. Da wir von Gott nicht wissen können, was er ist, sondern nur, was er nicht ist, so können wir auch nicht betrachten, wie er ist, sondern nur, wie er nicht ist. Gott zu begreifen ist unmöglich für den geschaffenen Geist; Gott zu berühren aber mit dem Geist – wie immer dies auch sein mag –, ist größte Seligkeit. Unsere Vernunft verhält sich Gott gegenüber wie der Nachtvogel dem Licht der Sonne gegenüber“ (Thomas von Aquin, Summa theologiae I 12, 7. Deutsche Thomasausgabe, Graz 1982, 228-232). Es ist ein Stück negativer Theologie, das sich hier zu Wort meldet, das den Mönch zeitlebens begleitet und deren Ausläufer bis in den Vollzug des Glaubens im Beten, Schweigen, Hören oder Umgang mit dem Wort Gottes hineinreichen. Ein Theologe, der um sich selber kreist und sich selber gefällt, widerspricht dem Anliegen der Suche nach Gott. So hinterläßt alles noch so ernste und ehrliche Ringen um Glaubenswissen und Gotteserkenntnis ein Vakuum im Mönch, das um Gottes wie um des Menschen willen nicht verdeckt oder mit falschen Inhalten gefüllt werden darf. Diesen Abstand zwischen Gott und Geist gilt es auszuhalten. Er läßt den Menschen, der sich ihm aussetzt nicht unberührt und unverwandelt. Es ist letztlich zweitranging, ob man diese Entfernung als Hin-

Benedikt von Nursia

„Du sollst nicht, von plötzlicher Angst verwirrt, vor dem Weg des Heils zurückschrecken, der am Anfang nicht anders als eng sein kann." (aus: *Regel des Hl. Benedikt, Vorwort*)

„Gott zu begreifen ist unmöglich für den geschaffenen Geist; Gott zu berühren aber mit dem Geist ... ist größte Seligkeit. Unsere Vernunft verhält sich Gott gegenüber wie der Nachtvogel dem Licht der Sonne gegenüber." (aus: *Thomas von Aquin, Summa theologiae*) weis auf die Größe, Andersheit, Fremdheit, Abwesenheit oder Verborgenheit Gottes deutet, der Mönch ist von seinem Ursprung her gewarnt, seiner Ratio mehr zuzutrauen, als ihr möglich und erlaubt ist. Die schon erwähnten Sinnsprüche der frühen Mönchsväter erzählen vom Besuch zweier Brüder bei einem Altvater. Der eine von ihnen rühmt sich, die gesamte Heilige Schrift auswendig gelernt zu haben, der andere, sie abgeschrieben und in seinen Händen zu haben. Der Alte erwiderte dem einen: „Du hast die Luft mit Worten angefüllt" und dem anderen: „Du hast deine Fenster mit Papier verklebt". Der Weg der Gottsuche des Mönchs endet nicht bei seinem Wissen um Gott, es drängt ihn weiter. Seine Suche kommt nicht zur Ruhe.

Unterwegs zu Gott. Die Suche nach Gott prägt den Lebensstil und den Lebensweg eines Mönchs. Das findet seinen deutlichsten Ausdruck darin, daß das Daseinsmodell eines Mönchs nach wie vor hauptsächlich mit der Wirklichkeit und Tätigkeit des Gebetes in Verbindung gebracht wird. Mönche stehen in dem Ruf, Experten des Gebetes zu sein. Gemeinschaftliches und persönliches Gebet bestimmen den Tagesrhythmus. Betrachtung, Meditation und geistliche Lektüre bilden dessen regelmäßige Begleitung. Im Vordergrund dieser Einteilung stehen alles andere als beschäftigungspolitische Erwägungen, es geht vielmehr darum, Gott selber, seiner Nähe und einem Leben in seiner Gegenwart auf die Spur zu kommen. Gewiß, es gibt Anleitungen, Hinweise und Hilfestellungen theoretischer wie praktischer Art. Mehr als sonst aber wird der Mensch im Umgang mit Gott auf das Gehen seines eigenen Weges verwiesen. Das heißt: Systematisches Vorgehen, regelmäßiges Training, Routine und ein entsprechender äußerer Lebensrahmen führen nicht notgedrungen zum Ziel. Will man wissen, wie es einem Mönch dabei ergehen mag, so könnte man auf die ernüchternde Auskunft des Abbas Agathon zurückgreifen. Gefragt nach der anstrengendsten Aufgabe im Mönchsleben antwortete er: „Verzeiht, nach meiner Meinung gibt es keine größere Mühe als das Gebet zu Gott. In jeder anderen Verrichtung, die ein Mensch in Angriff nimmt, wird er Ruhe finden, wenn er nur dabei aushält. Das Beten jedoch verlangt einen Kampf bis zum letzten Atemzug."

Solche Kommentare wirken zunächst nicht ermutigend, sie tragen aber unverkennbar die Handschrift der Erfahrung des Lebens. Der Weg des Gebetes gleicht keinem über alle Niederungen erhabenen Höhenweg. Im

Gegenteil, er zeitigt die Spuren des Alltags und der Gewöhnlichkeit, des beschwerlichen Auf und Ab, des Kleinen und Unscheinbaren. Es stellen sich keine hohen Gefühle ein, die Flügel der Begeisterung sind von einem abgefallen, die Eintönigkeit der Regelmäßigkeit hat einen längst eingeholt, man läßt sich mehr gehen als man selber geht, karger Alltag, keine Signale des Aufbruchs, man dreht sich im Kreis, statt Leben Wüste, Dürre und Trockenheit; die Gleichgültigkeit droht zur Gleich-Gültigkeit zu werden; anstelle geistiger Höhenflüge Leerlauf, Fehlanzeige, Müdigkeit. Wollte man diese Erfahrungen, die weite Strecken des Gebetes im Leben der Mönche ausmachen, auf einen Nenner bringen, so könnte man sie – so widersprüchlich dies klingen mag – als die Begegnung mit der LEERE bezeichnen. Von den großen und tragenden Bestimmungsversuchen des Gebetes als Atmen der Seele, Erheben des Herzens zu Gott, Bewegung der Liebe oder Zwiesprache mit dem göttlichen Du ist in dieser Situation wenig oder gar nichts zu spüren. Alles betende Ansprechen des Mönchs scheint ins Leere zu gehen, wird wie von einer Wand verschluckt, bleibt ohne Echo und Erklärung. Fragen wie: „Wo bleibt das Gegenüber Gottes?“ oder: „Gibt es einen Gott als Gegenüber?“ tauchen auf. Es wäre zu einseitig, diese Erfahrung der Leere vorschnell und ausschließlich nur auf Gott transferieren zu wollen. Sie hat es ganz entscheidend auch mit mir und meiner Existenz als Mönch zu tun, sofern sie mich meiner eigenen Leere überführt und innewerden läßt. Wer die Konfrontation mit ihr nicht scheut, der stößt unweigerlich auf das, was im Menschen und seinem Leben nur Schein und scheinbar ist. Auf diese Weise tastet sich der Mönch mehr und mehr an die Wahrheit seiner selbst heran und lernt sich als „ein nichtgehaltenes Versprechen“ (Paul Claudel) begreifen. Wie das Bild, so ist auch die Erfahrung der Leere keineswegs eindeutig; sie kann sowohl Verlust und Fehlanzeige als auch Schale, Offenheit, Empfangen, Verheißung und Erwartung signalisieren. Weil der Mönch im Grunde nicht weiß, was ihm seine Leere bedeutet, fällt es ihm schwer, aus ihr auszubrechen oder sie zu verabschieden.

In Hörweite. Wie kann man den Zustand der Leere ertragen? Der Mönch lebt in einer Gemeinschaft von Betern. Diese Gemeinschaft stellt gleichsam die Verlängerung, Erweiterung oder Vergrößerung seiner betenden Existenz, seines betenden Herzens und Leibes dar. Diese Gemeinschaft trägt und erträgt ihn, stellvertretend auch vor Gott. Als Glied von ihr

„weiß“ er inmitten seiner Leere um Gott, glaubt an ihn und hält an ihm fest. Diese Bindung an eine Gemeinschaft von Betern besagt zugleich eine Bindung an eine Gemeinschaft von Gebeten, die dem Mönch vorgegeben sind im Wort der Bibel, in der Gestalt der Psalmen. Ist das nicht eine unerträgliche Bevormundung, die bis in den Intimbereich unseres Glaubens hineinreicht? Wir tun uns generell schwer mit vorgefertigten Gebeten. Ihre Sprache, ihre Wellenlänge, ihre Gefühle, Empfindungen und Intentionen sind oft nicht unsere Welt. Es fällt uns alles andere als leicht, in ihre Haut zu schlüpfen, ohne zu lügen oder unser Inneres zu vergewaltigen.

Auf diese Weise haben Mönche weder ihren Umgang mit den Psalmen noch ihr Gebet verstanden. Es stimmt zwar, daß Psalmen eine höchst unmittelbare, anschauliche und konkrete Sprache Gott gegenüber sprechen und eine geradezu sinnenhaft faßbare Vorstellung von ihm entfalten, aber das darf uns nicht zu dem Kurzschluß verführen, als seien die Psalmen bereits Gebet im fertigen Zustand. Die Seele der Psalmen bildet eine ungeheuer lebendige Beziehung zwischen Gott und Mensch, die in ihrem Kern alle Schemata sprengt und auf keine ihrer Vorstellungen festgelegt werden darf. Das Gebet des Mönchs, gekleidet in die Worte der Schrift, ist wesentlich „Ansprache“, Ansprache des Menschen an Gott, Ansprache Gottes an den Menschen. Dieses „Ansprechen“ beinhaltet mehr ein Intendieren und Meinen als ein tatsächliches Sprechen und Formulieren, Mitteilen und Artikulieren. Die Psalmen selber sind dabei mehr Werkzeuge, Hülsen oder Krücken, deren sich der Beter bedient, um das, was er eigentlich sagen möchte, an die Adresse Gottes zu überbringen. Zu diesem Zweck aber muß sich das Verständnis von Gebet entscheidend wandeln.
Diese Wandlung, die zuinnerst den Beter selbst betrifft, hat Søren Kierkegaard vorausahnend als Wortführer mönchischer Erfahrung von heute in die Worte gefaßt: „Als mein Gebet immer andächtiger und innerlicher wurde, da hatte ich immer weniger und weniger zu sagen. Zuletzt wurde ich ganz still. Ich wurde, was womöglich noch ein größerer Gegensatz zum Reden ist, ich wurde ein Hörer. Ich meinte erst, Beten sei Reden. Ich lernte aber, daß Beten nicht bloß Schweigen ist, sondern Hören. So ist es: Beten heißt nicht sich selbst reden hören, beten heißt still werden und still sein und warten, bis der Betende Gott hört“ (Søren Kierkegaard, in: Jörg Zink, Wie wir beten können, Stuttgart 1970, 22). Beten heißt

hören – in dieser Erfahrung können sich Kierkegaard und der betende Mönch die Hand reichen. Der Umgang mit dem Wort Gottes, das Lesen der Schrift, das Singen bzw. Beten der Psalmen sind eine einzige Schule des Hörens; sie dienen dazu, den Mönch zum Hörer, zu immer intensiverem Hin-hören und Zu-hören zu erziehen. Dieses Hören des Mönchs zielt sowohl in Richtung auf sich selber und seine Umgebung wie auch auf Gott. Die Bibel ist demnach nicht so sehr das Gebetbuch als das Lern- und Lesebuch zum Hören. Erst im gründlichen Hören auf das Wort nimmt der Mönch die „Ansprache Gottes“ wahr, wie sich in ihm auch erst das aus und in der Tiefe Er-hörte zur betenden „Ansprache“ Gottes zu formen vermag. So versteht und erfährt sich der Mönch als einer, der in der Ruf- und Hörweite des Wortes Gottes lebt.
Von daher ergeht ein ständiger Appell an den Mönch, sein Ohr zum Hören zu schärfen. Er nimmt angesichts der bedrohlichen Angriffe auf unser Ohr, womit unsere Zeit und unser Herz in gleicher Weise gefährdet sind, geradezu beschwörende Formen an: „Verkaufen dürfen wir nicht unser Ohr, nicht unser Ohr dürfen wir verkaufen“ (Nelly Sachs, Gedichte, Coron Verlag Zürich, 57). Die Erfahrung der Leere, die der Mönch der Gegenwart in der betenden Zwiesprache mit Gott macht, kommt dieser Aufforderung entgegen. Die Leere schließt das Hören nicht aus, sie verstärkt es sogar. Damit bricht die Beziehung Gott-Mensch nicht ab, sie erfährt eine andere Gewichtung. Welches Gottes wird man dabei inne, welcher Gott geht einem dabei auf? Es ist der hörende Gott, der Gott, der hört und zuhört. Woher aber weiß ich das? Daraus, weil Gott schweigt.

Dem schweigenden Gott entgegen. Das vielfache Suchen des Mönchs nach Gott bleibt ohne sichtbare, hörbare, greifbare oder erfahrbare Resonanz. Gott schweigt. Er gibt keine Antwort, weder eine Ablehnung noch eine Bestätigung. Wie soll man diese Situation deuten? Als Verweigerung, Abwesenheit, Ferne, Verlassenheit, Schwäche oder Verborgenheit Gottes? Das Fehlen einer Antwort betrifft nicht nur Gott. Es läßt dort, wo ein Mönch sich selber und seinen Erwartungen gegenüber auf Distanz geht, einen „Raum“ der Stille, der Offenheit und Freiheit, der Weite und Tiefe entstehen. In diesem Raum fallen allmählich die vorgefertigten Muster von Antworten von ihm ab, indem er sie mehr und mehr als sein eigenes Werk durchschauen lernt. Es tut gut, wenn man diesen Raum nicht vorschnell mit allerhand Ersatzgebilden füllt, sondern ihn in seiner durchaus auch positiven Leere stehen, sich ausdehnen, wachsen und verdichten läßt. Das Schweigen, das sich auf diese Weise bildet und verbreitet, ist im Grunde nicht untätig, es „arbeitet", lehrt und erzieht. Es schafft gleichzeitig ein neues Gegenüber von Gott und Mensch, das durch nichts anderes mehr verstellt und vermittelt wird. Was zunächst als Abwesenheit oder Verweigerung Gottes empfunden wurde, reinigt und wandelt sich zugunsten eines anderen, größeren und bisher unbekannten Gottes. Die Lücke bleibt zwar, aber sie verweist durch ihre Offenheit über sich hinaus auf die Unvergleichbarkeit, Einmaligkeit und Geheimnishaftigkeit Gottes als des unbedingten Du.

Je mehr man darauf verzichtet, die Form der Äußerung Gottes selber festlegen zu wollen, desto mehr beginnt man zu begreifen, wie sehr das Schweigen zur Sprache Gottes wird. Schweigend hört Gott dem Menschen zu, kommt er ihm nahe und teilt sich ihm mit. Die Bedingung, an die das Vernehmen der Stimme des schweigenden Gottes geknüpft ist, liegt klar auf der Hand: „Wenn du Gott finden willst, mußt du schweigsam werden und zuhören, daß du seine Sprache sprechen kannst, daß du seinem Wort Antwort werdest." (Raphael Hombach, Einsam für alle. Mönchsworte, Würzburg ^{2}1975, 58).

Dieses Schweigen Gottes wird vom Mönch durchaus nicht als eintönig, langweilig oder gar tödlich erfahren. In seinem Umkreis werden sich ganz bestimmte Verhaltensweisen oder Erfahrungen zu Wort melden. Da können und dürfen vor allem FRAGEN lebendig werden. Im Vorzimmer des göttlichen Schweigens dürfen Fragen sich nicht nur äußern, sondern auch stehen bleiben. Es ist die Atmosphäre des Schweigens, die eine Frage erst recht zur Frage werden läßt. Der Mönch kennt solche Fragen, nicht zuletzt aus den Psalmen, die er betet. Fragen wie: „Wach auf! Warum schläfst du, Herr? Warum verbirgst du dein Gesicht, vergißt unsere Not und Bedrängnis?" (Psalm 44, 24 f.) oder: „Wie lange noch, Herr, vergißt du mich ganz? Wie lange noch verbirgst du dein Gesicht vor mir? Wie lange noch muß ich Schmerzen ertragen in meiner Seele, in meinem Herzen Kummer Tag für Tag? Wie lange noch darf mein Feind über mich triumphieren?" (Psalm 13, 2 f.) legen sich dem Mönch nicht nur aus dem literarischen Abstand von Jahrtausenden auf die Lippen, sie steigen aus dem Abgrund des Herzens eigener wie zeitgenössischer Erfahrungen in ihm auf. Es ist nicht bloß die nackte Frage, die im Raum des Schweigens laut wird; in ihr schwingen die Töne des Zweifels, der Angst, der Unsicherheit, der Anfechtung oder der Klage mit. Das Schweigen schneidet der Frage nicht vorschnell das Wort ab, es schafft vielmehr die Voraussetzung dafür, daß sie wirklich gestellt und gehört werden kann. Unter der Klammer des Schweigens wohnen weniger Fragen, die man selber stellen kann oder stellt, als vielmehr jene Fragen, die einem gestellt werden. Auf diese Weise trägt das Schweigen Gottes Sorge für den Ernst und Ernstfall des Fragens.

Es dauert lange, bis man zu ahnen anfängt, daß Gott auch dadurch zum Menschen spricht, daß er ihm Fragen stellt oder ihn Fragen stellen läßt. In der Regel geschieht das durch das Leben. Auf der Ebene des alltäglichen Bewußtseins mögen es zunächst recht verschiedene Instanzen, Ereignisse oder Stellen sein, die an uns Fragen richten. Hört man aber genauer zu, dann münden die vielen Fragen in die eine zentrale Frage: „Wer redet?" In den Zeichen des uns widerfahrenden Lebens werden wir fortwährend angeredet. Der Mönch hat auf Grund seiner Lebensweise wenig Möglichkeiten, dieser „Ansprache" zu entgehen oder auszuweichen. Läßt er sich darauf ein, so wird er darin Gott in der Gestalt der Frage nach dem „Wer?" gegenübergestellt. Diesem Gott seines Lebens kann er nicht entrinnen. Er begleitet und holt ihn ein in den Lebensfragen, die er stellt und gestellt bekommt bzw. durch die er selber gestellt wird. Durch die Fragen kommt und bleibt Gott ihm nahe oder näher, als er erkennt und glaubt. Es gibt eine Nähe und Gegenwart Gottes durch Fragen. Indem sie sich nicht ohne weiteres abschütteln lassen, bleibt uns Gott selber auf den Fersen.

Daß sich der Mönch dem schweigenden Gott auf dem Weg des Fragens nähert, hängt gewöhnlich eng mit der Erfahrung von Leid und Leiden zusammen. Es kommt zur Konfrontation mit der existentiellen Seite des Theodizeeproblems, der Frage nach Gott angesichts des Leides. Leid macht bekanntlich stumm und wirft Fragen auf. Es gehört zum Wesen des Leides, daß es weder vertretbar noch kategorisierbar ist. Der Mönch als einer, der zeitlebens besonders aufmerksam und intensiv um die Beziehung zu Gott ringt, gewinnt im Laufe der Zeit ein besonderes Gespür für den Zusammenhang zwischen Gott und Leid. Auf Grund des Geistes der Unterscheidung weiß er sehr wohl um die Vieldeutigkeit menschlichen Leidens, aber auch um dessen nicht zu unterschlagenden religiösen Index. So tröstlich es für ihn sein mag, Gott in der Erscheinung des „Gottes der Leidenden" bei sich und anderen zu wissen, so schmerzlich und herausfordernd wird es für ihn, wenn sich ihm das vertraute Bild Gottes verfinstert und die Kommunikation mit ihm hauptsächlich über den ausgesetzten Grat des Leidens erfolgt. Diese anstrengende Weise des Umgangs miteinander betrifft neben der Beziehung des Mönchs zu seinem Gott auch das Verhältnis zu sich selbst. Mit Gott entschwindet auch der Mensch sich selbst und verliert die Möglichkeit der Selbstorientierung. Die Nacht des Schweigens und des Leidens, in die er eintaucht, zwingt ihn, auf allen Ebenen seines Daseins die Beziehung zu dem sich entfremdenden Gott neu einzuüben. Aus allem blickt ihn eine abgründige Fraglichkeit an, der man nicht mehr mit dem Hinweis auf die Geheimnishaftigkeit Gottes begegnen kann. Die Abwesenheit Gottes und der dadurch bedingte Widerspruch oder Widersinn der Erscheinungen und des Daseins lösen sich nicht in der Erkenntnis. Eine Ahnung ihrer Bestimmung beginnt erst dort am Horizont aufzusteigen, wo sie leidend angenommen und gelebt werden.

Die Begegnung des Mönchs mit dem in das Schweigen des Leidens hinein sich entziehenden Gott stellt eine höchst persönliche und intime Erfahrung dar. Auch wenn die Terminologie, in der sie traditionellerweise geschildert wird, in mancher Hinsicht jener gleicht, in der heute kritische Zeitanalytiker von der Gottesnot oder -ferne sprechen, darf man sich über den wesentlichen Unterschied des Erfahrungshintergrundes keinen Täuschungen hingeben. Das Schweigen Gottes, wie es sich dem Mönch auf der Basis einer lebendigen Glaubensbeziehung auferlegt, ist von anderer Art, als wie es ein Zeitgenosse erfährt, der keine Beheimatung im Glauben erlebt hat bzw. kennt. Der Mönch „weiß“ auf seine Weise, daß ihm im Schweigen Gott selber entgegenkommt. Dieses „Wissen“ kann selbst das Leid nicht zerbrechen, nur vertiefen; denn: „Das Geheimnis Gottes ist nur durchleidbar, es ist nicht befragbar, und diese Wege sind wieder Frage, so auch der Nachfolge des Menschen entrückt und verboten.“ (Martin Buber, Werke, Band 2, München 1964, 1064).

In Gottes Gegenwart. Die Erfahrungen, die man im Laufe eines Lebens als Mönch im Umgang mit Gott gewinnt, spitzen sich auf die Frage zu: Wo ist Gott? Diese Frage besagt mehr als nur ein Problem, sie ist weder räumlicher noch zeitlicher, sondern zutiefst personaler Natur. Je intensiver aber sich ein Mensch der Wirklichkeit Gottes aussetzt, desto deutlicher kehrt sich die Fragerichtung um: Nicht Gottes Gegenwart, sondern des Menschen eigene Gegenwart wird in Frage gestellt. Dem Ringen um Gott verdankt der Mönch entscheidende Einsichten auf dem Sektor der Selbsterfahrung und Selbsterkenntnis. Er entdeckt mehr und mehr, wie wenig er selber in der Gegenwart lebt, wie sehr er ihr ständig in seinen Gedanken und Wünschen entflieht, wie schwer es ihm fällt, sich vorbehaltlos und uneingeschränkt dem jeweiligen Augenblick zu stellen und sich auf ihn einzulassen. Mit anderen Worten heißt das: Wie werde ich der Gegenwart Gottes inne, wie kann ich sie wahrnehmen und in ihr leben?

Wir kennen Situationen, in denen wir von der Nähe oder vom Geheimnis Gottes angerührt werden. Solche Erfahrungen hinterlassen in unserem Inneren Spuren, die sich nicht ohne weiteres verwischen lassen und eine Beziehung zu Gott begründen. Letztere erweist sich als so fundamental und stark, daß sie nicht fortwährender Erfahrungen und Bestätigungen bedarf, sondern auch Phasen der Trockenheit, der Dürre und des Schweigens überdauert. Das Leben des Mönchs selber wird immer wieder auf bestimmte Begegnungen oder Worte aus der Bibel hingeführt – leise, aber kontinuierliche Zeichen der Nähe Gottes. Je mehr der Mönch den Schwerpunkt seiner Gottesbeziehung nach innen verlegt, desto mehr wächst seine Sensibilität für das, was in der Mitte und in den Tiefen seines Wesens vor sich geht. Die Entdeckung des sogenannten inneren Lebens läßt sich von der Erfahrung der Gegenwart Gottes und seines Geistes nicht trennen. Von ihr geht eine den ganzen Menschen, sein Leben und seine Tätigkeiten umfassende, sammelnde und versammelnde Wirkung aus. Gottes Gegenwart eint und verwandelt den Menschen.

Ihr steht der Mönch nicht als der Verfügende, sondern vielmehr als der Wartende und Erwartende gegenüber. Der gegenwärtige Gott ist und bleibt seinem Zugriff entzogen. Er steht ihm wie einer Wand gegenüber, die ihn seiner Wahrnehmung, Erkenntnis und Erfahrung vorenthält. Gleichzeitig weiß er, daß Gott dahinter steht. Es ist die Gegenwart der Abwesenheit Gottes, die in das Leben des Mönchs eine ungeheure Spannung hineinträgt und es zu einer einzigen Erwartungsgeschichte werden läßt. Dieser Faden der Erwartung erhält den Mönch und seine Beziehung zu Gott am Leben. Im Warten lernt er sich nach Gott und dessen Kommen ausstrecken. Die Geschichte des Wartens führt den Mönch den Weg des Exodus, des Alles-Verlassens, des Loslassens, des Scheidens und Sterbens. Er muß fortgehen von allem, was ist, dorthin, wo nichts mehr ist als der Gott des „Ich-bin-da“. Darin geschieht Verwandlung und liegt Verheißung. Der Mönch wird auf dem Weg seiner Gottsuche mehr und mehr verwandelt. Er wird ein radikal auf Gott Hoffender, ein Gott-Liebender.

Die bleibende Ferne des nahen Gottes

Über die Gotteserfahrung in der Liturgie

von Arno Schilson

Aller Kult lebt aus der vitalen Erfahrung der Nähe und der Gegenwart des Göttlichen. Wo archaische Völker in naturhaften Rhythmen ihre Feste feierten, glaubten sie sich den Göttern und diese ihnen selbst ganz nah. Kaum anderes gilt von den Griechen. Bei ihren Festmählern, deren religiöse Prägung außer Frage steht, wußten sie die Götter mit zu Tisch sitzen und wähnten, sie seien von diesen selbst zum Mahl eingeladen. Auch die Römer erfuhren im streng vom profanen Bereich ausgegrenzten sakralen Raum ihrer Tempel, im Vollzug ihrer Opfer und bei ihren Prozessionen die geradezu greifbare Nähe der Gottheit. Für die Christen läßt sich ähnliches sagen: Im Vollzug der Liturgie, vor allem in der zentralen Feier der Eucharistie bzw. des Abendmahls, kommt ihnen Gott ganz nahe. Aus der lebendigen Überzeugung von der Gegenwart Christi in der Gemeinde und unter den heiligen Gestalten von Brot und Wein lebt der christliche Kult. Vom fernen und sich entziehenden Gott, von Gott als einem dunklen Geheimnis kann demnach im Blick auf Kult und Gottesdienst schwerlich die Rede sein. Anwesenheit und vitale Gemeinschaft mit dem Gott prägen ihren Vollzug und zeichnen sie gegenüber anderen Ausdrucksgestalten und Vollzugsweisen von Religion aus.

Doch wer genauer hinschaut und die besondere Gestalt liturgischer Feiern eindringlich betrachtet, wird darin auch Momente der Gottesferne entdecken. Mehr noch: Bei aller Nähe läßt sich – paradox und dialektisch zugleich – von der bleibenden Ferne des kultisch nahen oder sogar gegenwärtig geglaubten Gottes sprechen. Gerade die christliche Liturgie enthält Elemente und kennt Situationen, in denen sich der nahe Gott entzieht und die Kluft zwischen der Ohnmacht und Endlichkeit, zwischen dem schwachen und sündigen Menschen und dem unendlich heiligen und erhabenen Gott aufbricht oder zumindest aufblitzt. Die Ferne Gottes gerade dort zu erfahren und zu entdecken, wo er dem Menschen auf einzigartige Weise nahe ist, die Liturgie als den Ort zu erkennen, an

dem sich Nähe und Ferne Gottes gleichsam im Raum stoßen, bleibt die maßgebliche Absicht der folgenden Überlegungen.
Sie setzen an bei einer Besonderheit des Christlichen. Dessen Selbstverständnis entsprechend zeigt sich der unendliche und unsichtbare Gott nie unmittelbar, sondern stets in vermittelnden Gestalten, also in Bildern und Symbolen, in unzulänglichen Worten und in sonstigen irdischen Wirklichkeiten. Bereits diese besondere Art des Christlichen bringt in die sich zeigende Nähe Gottes den Zug der Ent-fernung mit hinein. Dabei ist – zweitens – auch die besondere inhaltliche Gestalt der christlichen Offenbarung zu bedenken, die ihre Mitte in Person und Geschichte Jesu von Nazareth hat. Enthüllung und Verborgenheit Gottes sind hier auf geradezu paradoxe Weise miteinander verbunden. Mit der Gottesfinsternis des Karfreitags wird die Not heutiger Gottferne bei jeder Eucharistiefeier im Gedächtnis von Kreuz und Auferweckung Jesu neue Gegenwart.
Drittens bleibt eine weitere besondere Art der Gotteserfahrung wichtig, welche für die christliche Liturgie charakteristisch ist. Soviel sie Gott als den barmherzigen und gütigen Vater zur Geltung bringt, sowenig verdeckt sie die tiefe Kluft und die Abgründe, die sich zwischen dem endlichen Menschen und dem Sünder einerseits und dem ewigen, heiligen Gott andererseits auftun. An letzter Stelle zu betrachten ist die sprechendste Äußerung letzter Gottesnot im Christentum. Sie zeigt sich im „heiligen Schweigen“, dessen liturgische Bedeutung man gerade heute nicht unterschätzen sollte.

Vermittelte und gebrochene Gegenwart Gottes als Grundstruktur der Liturgie. Christliche Liturgie vollzieht sich grundsätzlich in Bildern und Zeichen, in Symbolen und symbolischen Handlungen, in Gesten und Riten, in Worten und Gebärden. Was immer im Gottesdienst getan wird, weist in und trotz seiner Sichtbarkeit und Hörbarkeit weit über sich hinaus. Nicht einmal das noch so kluge und prägnante Wort der Predigt kann für sich beanspruchen, die ganze und letzte Wahrheit erfassen und aussprechen zu wollen. Alles bleibt immer auch Verweis und Vermittlung, also vorläufig und klar unterschieden gegenüber jedem unmittelbaren Zugriff sowie einer letzten unvermittelten Greifbarkeit.
Symbole schaffen von sich aus Nähe und Distanz zugleich. Sie zeigen und geben etwas, und doch verweigern sie sich einem letzten Zugriff und restloser Erschließung. Nicht das Zeichen der Liebe und die Geste der Versöhnung sind die eigentliche und unerschöpfliche Wahrheit, son-

dern die darin sich anzeigende und sinnenhaft vermittelnde Liebe und Versöhnung bleibt die eigentliche Wirklichkeit. Deshalb geht es auch in Wort und Zeichen der Liturgie um eine ganz eigene und besondere Weise der Gegenwart des Göttlichen. Sie geschieht in Wort und Zeichen und gibt sich ebenso in dieser sinnenhaft-konkreten Vermittlung, wie sie sich darin entzieht. Nicht einmal das heilige Brot der Eucharistiefeier läßt sich letztlich als unvermittelter Ort und unmittelbar greifbare Gestalt des Göttlichen betrachten. Nur im *Zeichen* des Brotes, also in einer symbolischen, gleichwohl wirklichkeitserfüllten Vermittlung, ist Jesus Christus hier gegenwärtig und den Menschen nahe. Sosehr Symbole, Bilder, Zeichen und Worte in der Liturgie also dazu dienen, die Gegenwart des Göttlichen tatsächlich in die jeweilige Situation zu vermitteln, sowenig gerät diese damit einfach unmittelbar und handgreiflich. Die symbolische Vermittlung schenkt einerseits Nähe, andererseits bewahrt sie gerade als solche, also in der annähernden Vermittlung, zugleich Distanz und Entfernung.

Doch diese allgemeine Struktur des Symbolischen ist nur eine erste Weise jener Vermittlung des Göttlichen, wie sie in der Liturgie geschieht. Weit darüber hinaus verdichtet sich diese enorme Kraft und die zugleich tiefe Not einer Vermittlung göttlicher Wirklichkeit in der Erscheinung des ewigen Gottessohnes, also in der Offenbarung Gottes in Jesus Christus. Diese bleibt zurückgebunden an einen konkret bestimmbaren Ort, an eine klar abgrenzbare Zeit und vor allem an die Geschichte und das Geschick eines geschichtlich-konkreten Menschen mit Namen Jesus von Nazareth. Im Christentum gibt es, worauf bereits der bedeutende katholische Religionsphilosoph Romano Guardini im ersten Drittel unseres Jahrhunderts nachdrücklich hingewiesen hat, ganz grundsätzlich nur eine vermittelte Erkenntnis und Nähe Gottes. Diese bleibt streng bezogen auf die unverwechselbare geschichtliche Gestalt und Person Jesu Christi. Prägnant heißt es bei Guardini dazu:

„Christlich gesehen gibt es kein unvermitteltes Verhältnis der Menschen zu Gott. ... [Zu Gott] gibt es kein unmittelbares Erkennen und Bejahen... Das Verhältnis zu Ihm ist vielmehr an den Mittler gebunden. Alles, was christlich von Gott kommt – und ebenso alles, was von uns zu Gott geht – muß durch Letzteren hindurch. Und zwar bedeutet diese Vermittlung nicht etwa nur den ersten Eingang. Sie meint nicht, daß das, was von Gott zu uns kommt und von uns zu Gott geht, wohl zuerst durch den

Romano Guardini

„Christlich gesehen gibt es kein unvermitteltes Verhältnis der Menschen zu Gott, ... kein unmittelbares Erkennen und Bejahen ... Die Vermittlung bildet ... die wesenhafte Form des christlichen Gottesverhältnisses und kann niemals aufgehoben werden, wenn nicht dessen Wesen selbst zerstört werden soll." (aus: *Das Wesen des Christentums*)

Mittler entdeckt, erobert, gebracht, durch ihn erlitten, gewagt, erprobt werden müsse, um aber dann unmittelbare Bahn zu haben. Die Vermittlung bildet vielmehr die wesenhafte Form des christlichen Gottesverhältnisses und kann niemals aufgehoben werden, wenn nicht dessen Wesen selbst zerstört werden soll." (Romano Guardini, Das Wesen des Christentums, Würzburg 1939, 35f.).

Damit steht in der Mitte des Christentums keine gesichts- und gestaltlose Epiphanie des Göttlichen, keine ausgefaltete Lehre von höchster Vollkommenheit, auch kein vollendetes und überragendes System der Moral oder aber ein bestimmter sittlicher Lebensentwurf. Die eigentliche und unverwechselbare Mitte bildet, wiederum mit Guardini gesprochen, „Jesus von Nazareth, dessen konkretes Dasein, Werk und Schicksal – das heißt also eine geschichtliche Person. ... [Deshalb gibt es] keine Lehre, kein Grundgefüge sittlicher Werte, keine religiöse Haltung und Lebensordnung, die von der Person Christi abgelöst und von denen dann gesagt werden könnte, sie seien das Christliche. Das Christliche ist Er selbst; das, was durch Ihn zum Menschen gelangt und das Verhältnis, das der Mensch durch Ihn zu Gott haben kann. ... Die Person Jesu Christi in ihrer geschichtlichen Einmaligkeit und ewigen Herrlichkeit ist selbst die Kategorie, welche Sein, Tun und Lehre des Christlichen bestimmt. Das ist ein Paradox" (A.a.O. 7, 86).
Von diesem Paradox einer absoluten Rückbindung jeder Art von Gotteserfahrung und Gottesoffenbarung an die geschichtlich-einmalige Gestalt des Menschen Jesus als unüberholbarer Vermittlung göttlicher Wirklichkeit bleibt der christliche Glaube und sein Selbstausdruck in der Liturgie zuinnerst geprägt. Das wirft die dornige Frage auf, wie sich Gleichzeitigkeit mit diesem Jesus erreichen läßt. Nur so nämlich kann man in ihm, in seiner menschlichen Vermittlungsgestalt das Göttliche wirklich erfassen. Die Not der Gottesferne unserer Zeit verbindet sich deshalb mit der Not der Liturgiefeiernden, die im Hier und Heute die Gegenwart Jesus Christi als Vermittlung und Vergegenwärtigung von Gottes Wirklichkeit selbst erfahren wollen. Was sich in den liturgischen Symbolen und symbolischen Handlungen als solchen ebenso schenkt wie entzieht, wird also nochmals überboten von der Nähe und Ferne jenes einen göttlichen Menschen, in dem – greifbar und sichtbar, zugleich jedoch verborgen und verhüllt – Gott selbst sich welthaft-leiblich zeigt.

Die Liturgie versucht diese doppelt-eine Gottferne zu überwinden, indem sie das *Gedächtnis* Jesus Christi feiert und auf diese Weise Gegenwart schafft, wo zunächst Vergangenheit waltet. Gedächtnis ist die Weise kultureller Aktivität von Menschen und Gesellschaften, in der etwas als konstitutiv empfundenes Vergangenes unverbraucht bewahrt und als solches vergegenwärtigt wird. Ganze Völker und gesellschaftliche Gruppen leben aus dem Gedächtnis und der Vergegenwärtigung ihrer längst vergangenen Geschichte. Als herausragende kulturelle Leistung ist solches Gedächtnis einzuschätzen und hoch zu würdigen. Nichts anderes tut die Liturgie, indem sie das Gedächtnis des Lebens, des Todes und der Auferweckung Jesu feiert. Damit macht und hält sie dieses geschichtliche Heilsgeschehen beständig gegenwärtig, um darin bei aller zeitlichen und räumlichen Ferne Gottes Nähe neu zu finden. Erst wer sich der strukturellen Probleme und der damit verbundenen Not dieser Vermittlung bewußt bleibt, die sowohl Nähe als auch Ferne einschließt, kann sich nüchtern und verständig der Feier der Liturgie nähern und darin den fernen, in Jesus nahegekommenen Gott erfahren.

Das liturgische Gedächtnis der Gottverlassenheit des Gekreuzigten. Dabei kommt in der einzigartigen Vermittlungsgestalt des Menschen Jesus noch ein besonderer Zug zur Geltung, der die Not und Gottesfinsternis der Gegenwart aufgreift und zugleich bestehen hilft. Man hat es als herausragenden Grundzug des Lebens Jesu beschrieben, daß er selbst aus einer einzigartigen Gottesgewißheit, aus einer ungeheuer vitalen Gotteserfahrung gelebt und gehandelt habe. Dazu sagt der katholische Theologe Hans Kessler:
„Alles, was von Jesus ausging, ist zusammengefaßt in seinem Gottesverhältnis. Jesus vertraute Gott, den er mit seiner absoluten Güte als nahe erfuhr, ohne Vorbehalt und lebte in ständiger Kommunikation mit ihm (Markus 1, 35 par; 6, 46 par u.ö.). Das ist die Mitte und die Quelle seines Lebens. Er hat Gott als die Gegenwart erlebt, von der er sich unbedingt angenommen und frei gemacht wußte, der er sich deshalb restlos anvertraute. Aus dieser tiefen Gottverbundenheit heraus hat er gesprochen und gehandelt. Daraus kam alles, was ihn unter den Menschen hervorhebt. Jesus ist der ganz gottbezogene Mensch, der unvergeßlich und modellhaft geworden ist durch sein Vertrauen zu Gott.“ (in: Theodor Schneider [Hg.], Handbuch der Dogmatik, Band 1, Düsseldorf 1992, 395; vgl. dazu auch Joachim Gnilka – Arno Schilson, Jesus Christus, in:

Lexikon für Theologie und Kirche, Band 5, Freiburg-Basel-Wien [3]1996, 804-834).
Gerade dieses grenzenlose Gottvertrauen, das Leben aus der Nähe dieses Gottes, verschärft die Krise am Ende des irdischen Lebens Jesu. Das Kreuz wird für den, der sein Leben auf Gott gegründet hat und dafür alle menschlichen Sicherheiten preisgab, zum Ort äußerster Gottesfinsternis, zur Erfahrung scheinbar endgültiger Gottverlassenheit. Im Kreuz und in seinem Sterben nimmt Jesus an jener abgrundtiefen Verzweiflung teil, die Menschen zu allen Zeiten in Situationen scheinbarer Gottverlassenheit überwältigt hat. Dazu schreibt der evangelische Theologe Jürgen Moltmann:

„[Jesu] Tod war kein 'schöner Tod'. Übereinstimmend berichten die synoptischen Evangelien von seinem 'Zittern und Zagen' (Markus 14, 34 par) und von einer Trübsal seiner Seele bis in den Tod. Er starb 'mit großem Geschrei und Tränen', sagt der Hebräerbrief (5, 7). Nach Markus 15, 37 starb er mit einem lauten, unartikulierten Schrei. Weil die christliche Traditionsgeschichte diesen schrecklichen Schrei des sterbenden Jesus in ihren Passionsgeschichten zunehmend abgeschwächt und durch tröstliche und triumphale Worte ersetzt hat, können wir hier wohl auf einen historischen Kern zurückschließen ... Erst wenn wir [Jesu] Verlassenheit von dem Gott und Vater begreifen, dessen Nähe er auf einzigartige, gnädige und festliche Weise verkündet hatte, verstehen wir die Besonderheit seines Sterbens. Im Zusammenhang mit der einzigartigen Gottesgemeinschaft seines Lebens und seiner Verkündigung starb Jesus in einzigartiger Gottverlassenheit. Das ist mehr und auch etwas anderes als 'Zusammenbrechen' und 'Scheitern'." (Jürgen Moltmann, Der gekreuzigte Gott. Das Kreuz Christi als Grund und Kritik christlicher Theologie, München 1972, 139, 142).

Man tut der Liturgie und dem Christentum keinen Gefallen, wenn man diese im Kreuzestod Jesu gipfelnde Erfahrung der Ferne Gottes in der gottesdienstlichen Feier dieses Gedächtnisses unterschlägt und gleichsam vom Licht der Auferweckung Jesu überstrahlt sein läßt. Gerade diese letzte Not der Gottesferne muß den bleibenden Kontrast zur ebenfalls erfahrbaren Nähe des Göttlichen bieten. Nur so bleibt christliche Liturgie auch unter inhaltlicher Rücksicht rückgebunden an jenes Geschick Jesu, das ihren Grund, ihre Mitte und ihre bleibende Norm bildet. Sie bleibt jenem wahrhaft göttlichen Drama verpflichtet, dem sie in ihrer Mitte durch die Feier des Christus-Gedächtnisses Raum gibt und das wiederum Moltmann so beschrieben hat:

„Das Kreuz des Sohnes trennt Gott von Gott bis zur völligen Feindschaft und Differenz. Die Auferweckung des gottverlassenen Sohnes verbindet Gott mit Gott zur innigsten Gemeinschaft. Wie ist diese Gemeinschaft Gottes mit Gott von Ostern im Kreuz von Karfreitag zu denken? Gott im gottverlassenen Gekreuzigten zu begreifen, verlangt eine 'Revolution im Gottesbegriff': 'Nemo contra Deum nisi Deus ipse.' [Niemand ist gegen Gott außer Gott selbst.] ... Die Erniedrigung zum Tod am Kreuz entspricht Gottes Wesen im Widerspruch der Verlassenheit. Wird der gekreuzigte Jesus das 'Ebenbild des unsichtbaren Gottes' genannt, so heißt das: *das* ist Gott und *so* ist Gott. Gott ist nicht größer als in dieser Erniedrigung. Gott ist nicht herrlicher als in dieser Hingabe. Gott ist nicht mächtiger als in dieser Ohnmacht. Gott ist nicht göttlicher als in dieser Menschlichkeit." (Moltmann, a.a.O. 145, 190).

Nur bei oberflächlicher Betrachtung gewinnt die Liturgie daher den Anschein unmittelbarer und ungebrochener Nähe des Göttlichen. In ihrem ureigenen Kern und als einen ihrer wesentlichen Gehalte jedoch bewahrt sie jenes bedeutende Gedächtnis einer ur-menschlichen Erfahrung von Gottesfinsternis und Gottverlassenheit auf, wie sie am Ende des irdischen Lebens Jesu steht und in seinem Kreuz bleibend aufleuchtet.

„Furcht Gottes" und Dunkelheit als Elemente der Liturgie. Schon die bisherigen Überlegungen haben gezeigt, wie differenziert und geradezu dialektisch, vielleicht sogar paradox christliche Liturgie die Nähe des Göttlichen als bleibende Ferne lebt und erfahrbar macht. Nicht nur in ihrer grundlegenden Struktur als Symbolgeschehen und nicht nur in ihrer inhaltlichen Behaftung auch auf das Kreuz Christi als Ort der Erfahrung letzter Gottferne, sondern auch in ihren vielfältigen Vollzugsgestalten hat sie die vitale Erinnerung an den fernen und unnahbaren Gott aufbewahrt.
Das gilt – um nur ein sprechendes Beispiel zu nennen – für die konkrete Struktur, die innere Dramatik der Eucharistie- bzw. Abendmahlsfeier. Zwar setzt diese im Austausch des Eröffnungsgrußes „Der Herr sei mit euch! – Und mit deinem Geiste!" auf eine grundsätzlich gegebene Ge-

genwart von Gottes Heiligem Geist in der zur Feier versammelten Gemeinde. Doch dem folgt in gleichsam dialektischem Gegenschlag und offenbarer Korrektur die Erkenntnis, wie fern und fremd selbst diese Gemeinde der Heiligen, als die sich die Christen bezeichnen, dem erhabenen und heiligen Gott gegenübersteht. Der „Faszination" des Heiligen, welche zur Teilnahme am Gottesdienst motiviert und die das Lob Gottes allererst begründet, stellt sich unmittelbar zur Seite die Furcht und das Erschrecken, der „heilige Schauder" (vgl. Rudolf Otto, Das Heilige. Über das Irrationale in der Idee des Göttlichen und sein Verhältnis zum Rationalen, München 1979; erstmals 1917) vor dem großen, sich dem Menschen entziehenden Gott. Die Erfahrung der eigenen Endlichkeit und Unvollkommenheit, das Bekenntnis von Schuld und Versagen, die Bitte um Erbarmen gegenüber dem gerechten und gütigen Gott signalisiert das Bewußtsein jener Entfernung, die selbst hier noch, am Beginn der liturgischen Feier und nach dem erwähnten hochkarätigen Eröffnungsgruß, zwischen Gott und Mensch besteht.

Freilich zielt das liturgische Geschehen in der Folge deutlich auf Annäherung, bis hin zum wahrhaft göttlichen Mahl, in dem vermittelte Berührung und Verkostung des Göttlichen sich ereignet. Doch wem die Ferne nicht spürbar wird, der kann auch die wachsende Nähe nicht ahnen und als beglückend erfahren. Die Dramaturgie einer wachsenden Zuwendung und Annäherung Gottes an den Menschen und ein immer mehr an Gott Herannahen des Menschen in der Feier der Eucharistie spart die negativen Momente in der Gott-Mensch-Beziehung keineswegs aus – im Gegenteil: Sie integriert diese und macht in ihrem Vollzug aus Gottlosen Von-Gott-Berührte und -Erfüllte.

Auf diesen Wandel in der Beziehung zum unendlichen Gott zielen offenkundig auch die großen Nächte der Christenheit – die Feier der Osternacht ebenso wie die Feier der Weihnacht. An Ostern kommt ins aufgehende Licht des nahenden Tages hinein das unbesiegbare Leben des Göttlichen sichtbar und erfahrbar nahe und erweist sich als das ewige Licht im Leben der Menschen. So vollzieht diese zentrale Feier christlicher Liturgie den „transitus", den Übergang vom Tod zum Leben, von der letzten Gottesfinsternis des Karfreitags und der schmerzlichen Gottferne ausgehend bis hin zur Erfahrung der beglückenden und aufrichtenden Nähe Gottes.

Gleichermaßen strahlen die Lichter der Weihnacht in eine kalte und finstere, als gottfern und gottlos empfundene Welt. Sie deuten, kontrastiv und paradox zugleich, die rettende Nähe Gottes an. Was der Advent an Hoffnungsgestalt immer neu vermittelt und auf die absolute Zukunft der endzeitlichen Herrschaft Gottes hin bezieht, das schenkt die liturgische Feier der Weihnacht schon im Vorgriff durch Zeichen und Symbole. Vor allem die alttestamentlichen Lesungen im Advent kündigen mit starken Worten diese Wende an. So heißt es bei den beiden Propheten Zefanja und Jesaja:

„Der Herr hat das Urteil gegen dich aufgehoben und deine Feinde zur Umkehr gezwungen. Der König Israels, der Herr, ist in deiner Mitte: du hast kein Unheil mehr zu fürchten. An jenem Tag wird man zu Jerusalem sagen: Fürchte dich nicht, Zion! Laß die Hände nicht sinken! Er, dein Gott, ist in deiner Mitte, ein Held, der Rettung bringt“ (Zefanja 3, 16 f.). – „Das Volk, das im Dunkel lebt, sieht ein helles Licht; über denen, die im Land der Finsternis wohnen, strahlt ein Licht auf. Du erregst lauten Jubel und schenkst große Freude“ (Jesaja 9, 1 f.).

In der Wende vom Dunkel zum Licht und deren symbolischer Aufladung bringen die Liturgien dieser beiden heiligen Nächte der Christenheit die doppelt-eine Erfahrung der Ferne und der rettenden Nähe Gottes zusammen. Beide Momente gehören daher integral und untrennbar zur christlichen liturgischen Erfahrung des in Christus erschienenen Gottes. Nur bei oberflächlicher Betrachtung umgibt die Liturgie ein falscher Schein des Schönen und der letztlich unwirksamen Versöhnung. Im Gedächtnis der vergangenen Heilstaten Gottes blickt die Liturgie als Selbstdarstellung des christlichen Glaubens aus dem immer noch wirksamen Dunkel der Gegenwart in die lichte Helle eines Morgen, welches sich heute bereits ankündigt und in lebendigem Gedächtnis – nun als Verheißung und nicht als rückwärts gewandte Erinnerung – bereits im Heute Gegenwart wird. Mit schlichten und doch eindrucksvollen Worten faßt das Tagesgebet in der Eucharistiefeier der Heiligen Nacht diese spannungsreichen Aspekte so zusammen: „In dieser hochheiligen Nacht ist uns das wahre Licht aufgestrahlt. Laß uns dieses Geheimnis im Glauben erfassen und bewahren, bis wir im Himmel den unverhüllten Glanz deiner Herrlichkeit schauen.“

Vom Schweigen und Verstummen vor dem lebendigen Gott. Noch ein letzter Aspekt der Liturgie bleibt zu bedenken, in dem sich besonders anschaulich und erfahrungsnah Momente der Verborgenheit und der Ferne Gottes artikulieren. Wo viele Worte gemacht werden – und das bleibt eine stete Gefahr für jede Art von Liturgie –, erscheint vieles zunächst hell und klar sowie unmißverständlich und leicht begreifbar. Gelegentlich mag die Wortflut heutiger Liturgie zu der gefährlichen und falschen Überzeugung führen, es bleibe für das Unsagbare, das Unaussprechliche, für das Geheimnis des lebendigen Gottes kaum noch Raum. Doch selbst kirchliche Dokumente erinnern nachdrücklich daran, daß jede noch so zutreffende Formulierung des christlichen Glaubens, jede sogenannte „Glaubenslehre“, das Geheimnis dieses Gottes gerade nicht vollständig und endgültig zu erfassen vermag. Schon 1974 hat die Gemeinsame Synode der Bistümer in der Bundesrepublik Deutschland die beachtliche, noch längst nicht eingelöste Feststellung getroffen:

„Kein menschlicher Satz vermag das Geheimnis Gottes voll auszusagen. Alle Glaubenssätze tragen das Zeichen geschichtlicher Bedingtheit an sich. Sie sind von den Voraussetzungen ihrer Zeit, von bestimmten Fragestellungen, Auseinandersetzungen und Erfahrungen aus formuliert und können deshalb nicht in jeder Hinsicht den Fragen und Erfahrungen unserer Zeit entsprechen. Glaubenssätze bringen die verbindliche Offenbarungswahrheit auf geschichtliche Weise zum Ausdruck und zeigen den Weg des Glaubens und des Glaubensverständnisses. Der bleibende Wahrheitsgehalt der Glaubenssätze muß daher immer neu ausgelegt und vergegenwärtigt werden.“ (Gemeinsame Synode der Bistümer in der Bundesrepublik Deutschland. Beschlüsse der Vollversammlung, Offizielle Gesamtausgabe I, Freiburg-Basel-Wien 1976, 781f.).

Der Verweis ins Unsagbare ist gerade dem liturgischen Sprechen und Handeln wesentlich zu eigen. Was immer im Gottesdienst gesagt und getan wird, mündet von sich aus ins Verstummen vor dem unerschöpflichen und erhabenen Gott, den weder Worte noch Begriffe letztlich zu begreifen vermögen.

So nimmt es nicht wunder, daß das Verstummen und Schweigen zu der intensivsten Form liturgischen wie auch sonstigen religiösen Verhaltens wird. Von Thomas von Aquin, dem großen mittelalterlichen Theologen, wird überliefert, er habe nach der Abfassung zahlreicher Werke eines Tages die Vergeblichkeit seines lebenslangen Mühens um klarere Erfassung und denkerische Durchdringung der göttlichen Wahrheit erkannt.

Alles sei Stroh, was er bisher geschrieben habe – so soll er gesagt haben. Von diesem Tag an schrieb dieser gelehrte Mann keine einzige Zeile mehr. Ihm schien Gott jetzt so groß und mächtig, so unaussprechlich und unbegreifbar, so überwältigend und so fern zugleich, daß Worte ihn niemals zu fassen vermögen.

Das gilt auch für das oft zu Unrecht vergessene und nur noch wenig geübte liturgische Schweigen. Das Verstummen der Rede, des Gebets und des Gesangs – die absolute Stille aus dem Ergriffensein durch das Nahekommen des unendlichen Göttlichen – das Schweigen, um die Ankunft Gottes möglich zu machen und ihm Aufmerksamkeit und Gehör zu schenken – den Mut zur Wortlosigkeit und zu alleinigem Lauschen zu haben, hineinzuhören in eine Stille, aus der (möglicherweise und hoffentlich) der Laut Gottes an Herz und Geist dringen kann: diese Haltung haben bedeutende Theologen unseres Jahrhunderts für Gebet und Liturgie nachdrücklich in Erinnerung gerufen.

„Worte ins Schweigen“ hat Karl Rahner, der vielleicht größte katholische Theologe dieses Jahrhunderts, seine ergreifende und bewegende Sammlung von Gebeten genannt. Darin heißt es:

„Was soll ich zu dir sagen, o mein Gott? Soll ich dir klagen, daß du mir so ferne bist, daß dein Schweigen so unheimlich ist und so lebenslang? Daß du mir zu langmütig bist und daß deine Wege, Herr, auf denen doch wir gehen müssen – nicht du –, so unbegreiflich verwirrt und unabsehbar sind? Aber wie sollte ich so klagen? Wie über deine Ferne, wo doch deine Nähe mir ebenso unheimlich ist? Wie über deine Langmut, wo ich doch von ihr mein sündiges Leben friste. Wie über die Unbegreiflichkeit deiner Wege, wo sie doch von meinem bösen und wirren Willen verwirrt wurden? Was soll ich zu dir sagen, o mein Gott? ... Was sage ich denn, wenn ich dich meinen Gott, den Gott meines Lebens nenne? Sinn meines Lebens? Ziel meiner Wege? Weihe meiner Taten? Gericht meiner Sünden? Die Bitterkeit meiner bitteren Stunden und mein geheimstes Glück? Kraft, die meine Kraft mit Ohnmacht schlägt? Schöpfer, Erhalter, Begnadiger, Naher und Ferner? Unbegreiflicher? Gott meiner Brüder? Gott meiner Väter? Gibt es Namen, die ich dir nicht geben müßte? Aber was habe ich gesagt, wenn ich dir alle gegeben? Wenn ich, stehend am Rande deiner Unendlichkeit, hineingerufen hätte in die weglosen Fernen deines Seins alle die Worte zumal, die ich aufgelesen habe in der ärmlichen Enge meiner Endlichkeit? Niemals hätte ich dich ausgesagt.“ (Karl

Rahner, Worte ins Schweigen = Karl Rahner, Gebete des Lebens, herausgegeben von Albert Raffelt, Freiburg-Basel-Wien 1984, 13 f., 20).

Kaum weniger direkt, dafür aber ausdrücklich auf die liturgischen Zusammenhänge eingehend hat der in der ersten Hälfte unseres Jahrhunderts wirkende Benediktinertheologe Odo Casel das mystische Schweigen als wesentlichen Bestandteil auch des christlichen Gottesdienstes bedacht und beschrieben. Von ihm stammen Worte, die das „gesammelte Schweigen" und seine Bedeutung für die christliche Liturgie auf bis heute gültige Weise beschreiben:

„Auch die christliche Liturgie kennt ein heiliges Schweigen. ... ihr Schweigen ist nicht nur ein äußeres Stillesein; der Zurückhaltung der Stimme muß ein *inneres Schweigen* entsprechen; das Äußere ist Wirkung und Symbol der inneren Beschauung. ... Schweigen muß der Lärm der 'geschwätzigen Materie', der laute Mißton der Vergänglichkeit, damit der Mensch sich in sich selbst finde; schweigen müssen die Sinne, damit der Verstand zu Worte komme. ... Nur der reine Geist soll noch tätig sein. Eine einsame Wüste liegt um den beschauenden Geist, feierliche Meeresstille umfängt die Seelenkräfte. Der Mensch tritt aus sich heraus in eine göttlich reine Welt. In der Dämmerung alles Irdischen leuchtet ihm das göttliche Licht. ... [Und mit Bezug auf die abgründigen Sätze aus dem Buch der Weisheit im 18. Kapitel, wo aus dem tiefen Schweigen der Nacht das ewige Wort hervortritt, meint Casel:] Die Gegenüberstellung von Schweigen und Logos [d.h. dem göttlichen Wort] deutet Tieferes an. Sie zeigt uns, daß der göttliche Logos nur dort erscheinen kann, wo alles Irdische schweigt. Nacht muß sein, wo das Licht Gottes aufstrahlt, Schweigen muß herrschen, wo Gottes Stimme vernehmbar werden soll." (Odo Casel, Die Liturgie als Mysterienfeier, Freiburg 1922, 151, 154 f., 159).

Über die bleibende Ferne des nahen Gottes als konstitutives Element liturgischer Gotteserfahrung im Christentum ging es uns in all den verschiedenen Zugängen und Überlegungen. Sowohl strukturell als auch inhaltlich, im Blick auf das Vollzugsganze und auf zahllose einzelne Elemente hat sich stets neu die dialektische, manchmal geradezu paradox anmutende Struktur der Gotteserfahrung im Raum der Liturgie gezeigt. Sie nüchtern und zugleich als bedeutsam wahrzunehmen, scheint mehr als nur an der Zeit zu sein. Sie kommt nämlich dem aufrichtigen Gott-Sucher der Gegenwart ebenso weit entgegen wie dem, der an der Gottes-Finsternis und Gottlosigkeit unserer Zeit und seiner eigenen Existenz leidet. Der Gottessuche und auch der Gottesnot am Ende des 20. Jahrhunderts könnte deshalb ausgerechnet eine Neubesinnung auf die Liturgie und vor allem ein sachgemäßes liturgisches Handeln verheißungsvoll und hilfreich begegnen.

Gott und das Nichts

Über die Erfahrung der Abwesenheit des Göttlichen in den fernöstlichen Religionen

von Hans Waldenfels SJ

Heutigentags erfreut sich der Slogan „Religion – ja, Gott – nein" einer gewissen Beliebtheit (vgl. dazu J. B. Metz, Gotteskrise. Versuch zur „geistigen Situation der Zeit", in: J. B. Metz, Diagnosen zur Zeit, Düsseldorf 1994). In der Tat gehört Gott nicht mehr mit der Selbstverständlichkeit in die Definition der Religion, wie es vor noch nicht langer Zeit der Fall war. Freilich müssen wir heute beachten, daß der Religionsbegriff, mit dem wir in Europa gelebt haben, abendländisch geprägt war und vom Abendland aus auf andere Kulturen und andere Religionen übertragen worden ist. Nun fällt in vielen neureligiösen, zumal asiatisch geprägten Bewegungen Gott praktisch aus. Kein Wunder, daß Buddhismus, Konfuzianismus und Taoismus lange Zeit nur mit starken Vorbehalten als Religionen angesprochen wurden; lieber sah man in ihnen Philosophien, auch wenn sie bei genauerer Betrachtung eindeutig zugleich Heilssysteme sind.

Einige vordergründige Beobachtungen im Hinblick auf den Buddhismus erläutern die Situation. Noch 1966 veröffentlichte Helmuth von Glasenapp in Deutschland ein Buch mit dem Titel *„Der Buddhismus – eine atheistische Religion"* (H. von Glasenapp, Der Buddhismus – eine atheistische Religion, München 1966). Doch in der vom 2. Vatikanischen Konzil verabschiedeten Erklärung *„Nostra aetate"* wird der Buddhismus ohne weitere Erläuterungen zu den Weltreligionen gezählt. Als Johannes Paul II. im Buddha-Kapitel seines Buches *„Die Schwelle der Hoffnung überschreiten"* dann seinerseits den Buddhismus „ein *atheistisches System*" nannte, fühlten sich vor allem Buddhisten aus Sri Lanka so sehr beleidigt, daß sie den Besuch des Papstes in ihrem Land weitgehend ignorierten und jedem Besuchstermin fernblieben. Dabei hatte der Papst nichts anderes geschrieben als das, was sich auch bei vielen anderen Autoren bis heute nachlesen läßt:

„Kommen wir Gott näher? Hiervon spricht die von Buddha erfahrene 'Erleuchtung' nicht. Der Buddhismus ist in erheblichem Maße ein *'atheistisches System'*. Wir befreien uns vom Bösen nicht durch das Gute, das von Gott kommt; wir befreien uns nur dadurch, daß wir zur Welt, die böse ist, auf Distanz gehen. Die Fülle eines solchen Abstandnehmens ist nicht die Einheit mit Gott, sondern das sogenannte Nirwana, ein Zustand völliger Indifferenz gegenüber der Welt. *Sich retten* heißt vor allem: sich vom Bösen befreien, *der Welt gegenüber gleichgültig zu werden, da sie die Quelle alles Bösen ist.* Darin gipfelt der Prozeß, den der Geist durchläuft" (Johannes Paul II., Die Schwelle der Hoffnung überschreiten. Herausgegeben von Vittorio Messori, Hamburg 1994, 113 f.).

Wenig später kam der Vorfall in Hildesheim bei einer Begegnung zwischen dem Klostervorsteher des vietnamesischen buddhistischen Klosters in Hannover und anderen Buddhisten einerseits und dem Bischof von Hildesheim und eingeladenen christlichen Gästen andererseits zur Sprache. Klingt die Bezeichnung „atheistisch" wie ein herabsetzendes, abfälliges Urteil, so fand der Vorschlag, den Buddhismus eher emotionslos „non-theistisch" zu nennen, Zustimmung. „Gott", das Wort „Gott" kommt in der Tat im Buddhismus nicht vor. Doch das von all denen, die das Wort brauchen, gemeinte Geheimnis „Gott" – wird es von Buddhisten wirklich geleugnet? Diese Frage darf und muß man heute mit aller Vorsicht stellen.

Eine andere Beobachtung sollte man nicht übergehen. Fraglos sind zahlreiche Europäer, die mit dem christlichen Gottesglauben Schwierigkeiten haben, froh, auf religiöse Wege zu stoßen, die anscheinend ohne Gott auskommen. Die im eigenen Leben erfahrene Abwesenheit Gottes scheint mit der Erfahrung zahlloser Menschen in anderen Kontinenten zu korrespondieren. Zweifellos ist vielen Europäern der Buddhismus sympathisch, weil er wie das Christentum einen Stifter hat, dieser aber ohne Rückgriff auf die Götter Indiens, somit auch ohne Gottesbild und ohne Berufung auf ein Gotteswort, einzig im Vertrauen auf die eigene Kraft das Leben gemeistert und andere Menschen eingeladen hat, es ihm gleich zu versuchen. Entsprechend versuchen solche Menschen ohne Anerkennung eines Gottes ihr Leben zu gestalten und dies dennoch in moralischer Verantwortung zu leben.

Die Religionen der Abwesenheit Gottes sind somit auf doppelte Weise zu deuten. Sie können – wie es lange von all denen getan worden ist, die einen hohen Respekt vor den fernöstlichen Religionen zumal Zentralasiens, Chinas und Japans gelernt haben, – als adventhafte Religionen angesehen werden. Sie können aber auch als Religionen jenseits des christlichen Anspruchs gesehen werden. In beiden Fällen kann die aus der negativen Theologie auch Christen und Vertretern des Judentums und Islam bekannte Rede vom Nichts eine Hilfe sein. Im ersten Fall ist das Nichts wie eine Verhüllung, ein Vorhang, und der Mensch rätselt, was sich wirklich dahinter verbirgt. Im anderen Fall wird der radikale Anspruch eines nihilistischen Nichts vertreten: Es gibt wirklich nichts, und dabei bleibt es. Es ist vor allem Eugen Biser, der sich nicht damit abfindet, den Künder des Todes Gottes Friedrich Nietzsche in das nihilistische Nichts entlassen zu sollen (vgl. Eugen Biser, Gottsucher oder Antichrist. Nietzsches provokative Kritik des Christentums, Salzburg 1982).

Ich selbst habe – eigentlich sehr zu Beginn meiner eigenen wissenschaftlichen Tätigkeit – unter dem Einfluß des Freiburger Religionsphilosophen Bernhard Welte angesichts der christlichen Botschaft von einem sprechenden Gott von einem „schweigenden Nichts“ gesprochen (vgl. Hans Waldenfels, An der Grenze des Denkbaren. Meditation – Ost und West. München 1988, 101-104).

Welte hatte seinerseits mehrfach das Verhältnis von Gott und Nichts „an-gesprochen“. So endet ein „Versuch zur Frage nach Gott“ mit den Sätzen:

„Das Nichts ist nicht das leere Nichts. Die ethische Grundentscheidung belehrt uns darüber, daß es trägt, wahrt und entscheidet, von ihr geht der Appell aus: Vertraue dich an, betritt das Nichts, und glaube. Es trägt. Seine lautlose Macht ist größer, ohne Konkurrenz größer gegenüber allem, was sonst groß und mächtig erscheint“ (Bernhard Welte, Zeit und Geheimnis. Philosophische Abhandlungen zur Sache Gottes in der Zeit der Welt, Freiburg u.a. 1975, 138).

Eine weitere Studie Bernhard Weltes greift in ihrem Titel das Motiv eines kleinen Gedichts auf, das auf den Philosophen Wilhelm Weischedel zurückgeht, der bis zu seinem Tode 1975 um das Verständnis des europäischen Nihilismus gerungen hat: *Das Licht des Nichts* (Bernhard

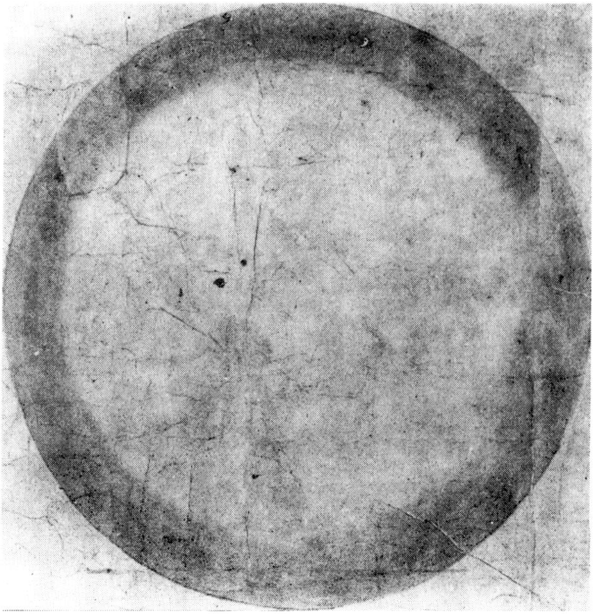

Der Ochsenpfad

„Verlassen in endloser Wildnis schreitet der Hirte dahin durch wuchern-des Gras und sucht seinen Ochsen. Der Leib zu Tode erschöpft und verzweifelt das Herz. Doch findet der suchende Hirt keine geleitende Richtung." – „Peitsche und Zügel, Ochse und Hirte sind spurlos zu Nichts geworden. In den weiten und blauen Himmel reicht niemals ein Wort, um ihn zu ermessen." (aus: *Der Ochs und sein Hirte, Stationen 1 und 8*)

Welte, Das Licht des Nichts. Von der Möglichkeit neuer religiöser Erfahrung. Düsseldorf 1980, 54). Die vier Zeilen Weischedels lauten:

„Im dunklen Bechergrund
Erscheint das Nichts des Lichts.
Der Gottheit dunkler Schein
Ist so: Das Licht des Nichts."

Das Nichts signalisiert somit auf seine Weise eine Ambivalenz. Welte spricht vom „leeren Nichts" und vom „Licht des Nichts". Was er – trotz seiner intensiven Beschäftigungen mit der Frage im Dreieck von Heideggers Überlegungen, Eckeharts Sprachbemühungen im Grenzbereich von Mystik und Theologie bzw. christlicher Verkündigung und zenbuddhistischer Wegweisung – übersieht, ist die Tatsache, daß der Begriff der „Leere" buddhistischerseits keineswegs negativ gefülllt ist, sondern seinerseits all die Zweideutigkeiten mit sich führt, die wir im Begriff des Nichts zu erahnen beginnen.

Der Begriff der „Leere" hat seine eigene lange Geschichte, die in ihren Ursprüngen zu einem indischen Denker und Mystiker des 2. nachchristlichen Jahrhunderts, zu Nāgārjuna führt. Für ihn ist *Śūnyatā*, die Leere, auf vielfache Weise zu verstehen und zu gebrauchen. Leersein heißt: Alle Begrifflichkeit ist letztendlich zerstört; die Leere führt den Menschen in den Bereich des Unsagbaren und trägt ihn an die Grenze des Denkbaren. Sie löst zugleich den Menschen von sich selbst, und nimmt ihm alles, was er vermeintlicherweise hat, besitzt und ist. Die wahre Leere trägt über alle Gegensätze hinweg, auch über den von leer und nicht-leer. Unbedingt bleibt das Absolute, das Wahrhaft-Wirkliche. Insofern der Vollzug der Leere den Menschen radikal befreit und erlöst, erweist er sich als religiöser Vollzug. Sprachlosigkeit, Loslassen und Realisierung der wahren Wirklichkeit gehören hier zusammen.

Die Wahrnehmung verschärft sich in Kulturen, in denen die Schrift die Sprache auf ihre Weise konkretisiert. Die Rede von *Śūnyatā* = Leere fand Nāgārjuna vor. Etymologisch geht das Sanskritwort auf die Wurzel *śvi* = schwellen zurück. Die Vorstellung der Schwellung aber war verbunden mit der des Hohlseins: Was von außen geschwollen aussieht, ist von innen hohl. Der Verweis auf den Mutterschoß liegt nahe. Leere und Fülle sind am Ende zwei Seiten einer Medaille. Dieser Zusammenhang wird dadurch noch deutlicher, daß das mathematische Zeichen für Null

ursprünglich nichts anderes ist als das Symbol für *śūnya* = leer. Die Wurzel wirkt im übrigen im indogermanischen Raum weiter, so in den griechischen Wörtern *ky-ô* = schwanger sein und *koilia* = Leibeshöhle, das Innere des Menschen oder im Lateinischen in *cumulus* = Haufen und in *cavus* = Höhle.
Interessanterweise übernimmt das sino-japanische Bildzeichen für *śūnyata* - japanisch *kū* - nicht die beschriebene Konnotation. *Kū* steht für Öffnung, leerer Himmel, Horizont, Weite und Leere, das Bildzeichen entsprechend für Himmel, Himmelsgewölbe, Luft. Wer sich in diesem Begriffs- und Bildfeld bewegt, ahnt zugleich etwas von der spirituell-religiösen Hintergründigkeit, die sich hier leicht einstellt.
Inzwischen lenkt aber die Rede von Leerheit auch zurück in den Raum christlichen Selbstverständnisses. So spielt nicht zuletzt im buddhistisch-christlichen Dialog, wie er vor allem in den Vereinigten Staaten mit Japanern geführt wird, in zunehmendem Maße die paulinische Rede von der göttlichen Kenōse eine bedeutende Rolle. Die bekannte Stelle aus dem 2. Kapitel des Philipperbriefes lautet in der Übersetzung von Fridolin Stier (Das Neue Testament. Übersetzt von Friedolin Stier. München und Düsseldorf 1989):

„Seid so unter euch gesinnt,
wie ihr seid Eins mit dem Messias Jesus.
Er – in Gottesgestalt wesend:
Nicht als Beute für sich dachte er das Sein wie Gott.
Nein: Ausgeleert hat er sich selbst (griech. *ekenosen heauton*),
Knechtsgestalt hat er genommen;
in Menschengestalt trat er auf
und ward in der Art als Mensch erfunden.
So hat er sich niedrig gemacht,
ward gehorsam bis zum Tod
– dem Tod am Kreuz.
Darum hob Gott ihn überhoch
und gab zugnaden ihm den Namen,
der über allen Namen ist." (Philipper 2, 5-9)

Es war der japanische Religionsphilosoph Keiji Nishitani, dem an dieser Stelle eine Ahnung zugewachsen ist, wie der Gott sein muß, den die Christen als den in Jesus von Nazaret auf einmalige und einzigartige Weise Mensch gewordenen verehren. Zwei Dinge sind hier anzumerken.

Nishitani gelingt es als einem der wenigen asiatischen Denker, dem abendländischen Personbegriff einen positiven Sinn abzugewinnen. Wo „Person" einmal primär vom Menschen her und sodann als Ausdruck der Individualität verstanden wird, kommt für viele Asiaten weniger die positive Bewertung des Einzelnen in den Blick als die radikale Abgrenzung, die bis zur Kommunikationslosigkeit führt. Im Extrem wird „Person" dann zum Ausdruck radikaler Egozentrik, damit genau das Gegenteil dessen, was für asiatische Menschen die menschliche Idealvorstellung ist. Kein Mensch lebt für sich allein, sondern immer im Geflecht menschlicher Beziehungen. Nishitani begreift, daß hier im vermeintlichen Verstehen des westlichen Personverständnis etwas nicht stimmen kann, und kommt zu der Einsicht, daß wahres Personsein eine radikale Offenheit und damit grundlegend Bezogenheit einschließen muß und einschließt. Hier kommt ihm die christliche Lehre vom dreifaltigen Gott in den Sinn.

Dabei wird ihm zugleich klar, daß Leere und selbstlose, selbstvergessene Liebe engstens miteinander verbunden sind. In einem vielzitierten Text seines berühmten Buches *„Was ist Religion?"* schreibt Nishitani:

„Was aber ist diese nicht unterscheidende Liebe, die auch den Feind liebt? Sie ist, um es kurz zu sagen, das 'Sich Leer-Machen'. Im Falle Christi heißt dies, Menschengestalt anzunehmen und, mehr noch, zum Knecht zu werden – und zwar in Übereinstimmung mit dem Willen Gottes. Der Ursprung seines 'Sich-Leer-Machens' ist in Gott. Es ist Gottes Liebe, die sogar dem Sünder vergeben will, der sich gegen ihn gewandt hat. Diese vergebende Liebe ist Ausdruck der 'Vollkommenheit' Gottes, der Gute und Böse gleichermaßen umfängt. Daher kann man sagen, daß das, was mit 'Sich-leer-gemacht-Haben' gemeint ist, in Gott selbst beschlossen ist. In Christus wurde die *ekkenosis* darin Wirklichkeit, daß er, der die Gestalt Gottes hatte, die Gestalt des Knechtes annahm; in Gott ist sie schon in seiner ursprünglichen Vollkommenheit gegeben. Das heißt: Die Tatsache, daß Gott Gott ist, enthält wesenhaft sein 'Sich-leer-gemacht-Haben'. Im Falle Christi ist es eine Tat, die er vollbracht hat, im Falle Gottes ist es seine ursprüngliche Natur. Was *ekkenosis* für den Sohn ist, ist *kenosis* für den Vater" (Keiji Nishitani, Was ist Religion, Frankfurt 1982, 116 f.; leicht veränderte Übersetzung).

Was wir hier entdecken, ist in hohem Maße verwunderlich, wenn wir an den Titel unserer Überlegung erinnern: „Gott und das Nichts. Über die Erfahrung der Abwesenheit des Göttlichen in den fernöstlichen Religionen." Tatsächlich spiegelt der Titel jene Erwartung wieder, die wir zuvor zahlreichen Europäern bzw. Menschen der westlichen Kulturwelt nachgesagt haben. Sie, die in einer Zeit, in der die Rede von Gotteserfahrungen merkwürdigerweise Konjunktur hat, traurigerweise selbst keine Gotteserfahrung bezeugen können und entsprechend trotzig und heroisch oder auch gelassen doch ihren Lebensweg gehen, erkennen sich auf den ersten Blick in Menschen wieder, die wie die Buddhisten zumal der meditativen Schulen wie des Zen in der Nachfolge des Buddha nicht auf einen Gott setzen. Was diese modernen Europäer oder Abendländer aber übersehen, ist die Tatsache, daß damit die Zielvorstellung noch keineswegs umschrieben ist. Das Ziel bleibt vielmehr offen. Was aber vom religiösen Menschen erwartet wird, ist die Haltung der Offenheit und eines grundsätzlichen Loslassens, somit des Nicht-Beharrens auf dem eigenen, begrenzten Standpunkt. Hier stellt sich die Frage: Ist nicht diese Haltung grundsätzlich von allen Menschen gefordert, die in innerer Spannung auf das hin leben, was die einen Nicht-Ich, andere das Heilige und das Göttliche und wieder andere einfach Gott nennen?

Entscheidend ist an dieser Stelle, daß die Frage nach dem Nichts neu gestellt wird. Es ist eben doch nicht gleichgültig, ob wir etwa die Verneinung des Ich – im Japanischen *muga* – mit Nicht-Ich bzw. Nicht-Selbst oder Selbst-Losigkeit übersetzen. Im einen Fall befinden wir uns im theoretisch-philosophischen, in gewissem Sinne gar im metaphysischen Bereich, im zweiten Fall im Bereich des Ethischen, Asketischen, Spirituellen. Es kommt hinzu, daß in diesem Fall das Nicht- (mit einem Bindestrich geschrieben) – wie bereits im Hinblick auf Nāgārjuna angedeutet – einen prozessualen Charakter annimmt.

Hier muß dann zweifellos auch der christliche Gottgläubige umdenken. Das beginnt damit, daß er den eindeutig verneinenden Charakter des abendländischen Nichtsverständnisses wahrnimmt. Das Nichts verneint das Etwas, das lateinische *nemo* = niemand den Menschen, den *homo*. Wenn Gott die Welt aus Nichts erschafft, mußte der spekulative Geist in Verlegenheit kommen. Was ist denn das *nihilum*, aus dem Gott erschafft? Sprachlich können wir Abendländer nur *sub specie rei*, also unter der Gestalt des Etwas, von einer Sache sprechen. Was aber ist dieses geheimnisvolle Etwas, das – sprachlich – Gott gleichsam gegenübersteht? Zerstört es nicht die göttliche Einheit? Oder ist es doch die Personifikation des Bösen, so daß in ihm die Gegeninstanz zum Guten ihre Antwort findet? Die Rede vom Nichts treibt den Menschen um, wenn er sie nicht verdrängt. Es ist denn auch kein Wunder, daß es vor allem die Menschen des inneren Lebens sind, vielfach Mystiker, aber eben auch spekulative Denker, die die Beschäftigung mit dieser Nichts genannten Wirklichkeit, besser: dieser vermeintlichen Un-wirklichkeit umtreibt.

Zu den wichtigsten Beobachtungen gehört aber dann heute, daß das Nichts weniger als Gottes Gegenüber in Erscheinung tritt, sondern vielfach mit Gott zusammengedacht werden muß. Dabei begegnen wir wieder einer ganzen Skala von Möglichkeiten, die von der Ansage des göttlichen Wesens über seine Verhüllung bis zur radikalen Verneinung Gottes reicht. Im Zusammenhang mit der Rede von Gottes *kenosis* beobachten wir bei jüdischen wie christlichen Mystikern, daß der je größere Gott – der *Deus semper major* – seine Größe letztendlich darin erweist, daß er der *Deus semper minor*, der immer kleinere Gott wird. Was spricht mehr von Gottes Größe, als daß sich Gott der Schöpfer im Anderen-seiner-selbst, im Geschöpf verbirgt? Genau das aber ist es, was Christen im Bekenntnis des Mensch gewordenen Gottes glauben. Wer sodann auch in der offenkundigen Abwesenheit Gottes an Gott festhält, hält sich im Grunde an dem verborgenen Gott fest.

Die Rede vom Nichts ist dann freilich noch einmal facettenreich. Dazu gehört einmal alles, was sich von Gott her nur auf die Weise der Verneinung sagen läßt. Es gibt keine geschöpfliche Wirklichkeit, die einfachhin von dieser auf Gott übertragbar wäre. Entweder ist sie schlechthin zu verneinen, oder sie fällt – in der Rede der Analogie – unter das Ja und Nein zugleich, wobei das Nein den unübersehbaren Überhang hat, oder es wird in der scheinbar positiven Rede der Übersteigerung die Geschöpflichkeit an ihre unvermeidliche Grenze geführt.“Wer ist gut – außer Gott?“ Daß in diesen schwindelerregenden Drehungen Menschen in ein Nichts abzustürzen drohen, an dem nichts Göttliches mehr zu erkennen ist, ja wo Gott für sie nicht mehr existiert, können wir vielleicht erahnen.

Die Überlegungen, die wir hier – fast losgelöst von einer bestimmten Religion – anstellen, obwohl wir sie in die einzelnen Religionen des Westens und Ostens hinein weiterverfolgen könnten, machen aber eines unübersehbar deutlich: Die Frage des Nichts ist, wo sie aufmerksam verfolgt wird, weniger eine Frage des Ziels als eine Frage des Weges. Anders gesagt: Das Nichts sollte im Sinne des Nicht- (mit Bindestrich geschrieben) wie ein schneidendes Messer gebraucht werden, das den Menschen auf dem Wege der Loslösung von sich selbst – im Sinne des biblischen Wortes: „Wer sein Leben finden will, wird es zugrunde richten; und wer sein Leben um meinetwillen zugrunde richtet, wird es finden“ (Matthäus 10, 39) – zur seiner wirklichen Erfüllung bringt. In gewissem Sinne ist das Nichts beides: Waffe, mit der sich der Mensch loslöst und trennt, und Weg, den er dann beschreiten kann.

Wir erinnern uns: Bernhard Welte hatte das Nichts als das Bodenlose und Schweigende angesprochen, dem Menschen sich anvertrauen können, weil es trägt. Das Nichts in seiner Antlitzlosigkeit war bei ihm zu dem Unbeschreiblichen und Unbegreiflichen geworden, das aber gerade als solches nicht abwesend, sondern anwesend ist.

Im zenbuddhistischen Umfeld ist das Nichts immer wieder als Weg und Ziel zugleich beschrieben worden. Die „Nichtung“ aber ist dort wesentlich Weg. Ich erinnere hier gerne an die zehn Stationen des Ochsenpfads, der – in Bild und Wort dargestellt – den inneren Weg der „Befreiung“ im Sinne der Loslösung beschreibt (vgl. zum folgenden: K. Tsujimura, H. Buchner (Hg.), Der Ochs und sein Hirte. Eine altchinesische Zengeschichte, Pfullingen ^{2}1973). Der suchende Mensch wird mit einem Hirten verglichen, der sich auf den Weg macht, den Ochsen, der das wahre Selbst repräsentiert, zu finden. Das aber ist ein Prozeß, der in zehn Stadien bzw. in zehn Stationen beschrieben wird.

Am Anfang irrt der Hirte auf vielfältigen Wegen, um den verlorenen Ochsen wiederzufinden. Er entdeckt dann zunächst seine Spuren, bekommt daraufhin den Ochsen zu sehen, vermag ihn einzufangen und zu zähmen, um schließlich auf seinem Rücken heimzukehren. Die Stationen 7 und 8 sind geprägt vom Vergessen des Ochsen und des Hirten.

Das eindrucksvollste Bild aber ist der leere Kreis der Station 8, – ein Kreis, der – immer wieder von Übenden gemalt – zumeist zugleich wie eine Sonne wirkt: „Licht des Nichts.“ Im klassischen Lobgesang zur 8. Station heißt es:

Peitsche und Zügel, Ochs und Hirte sind spurlos
zu Nichts geworden.
In den weiten und blauen Himmel reicht niemals
ein Wort, ihn zu ermessen.

Und nochmals:

Mit einem Schlag bricht jäh der große Himmel in Trümmer.
Heiliges, Weltliches spurlos verschwunden.
Im Unbegangenen endet der Weg.
Vor dem Tempel leuchtet der helle Mond und es
rauscht der Wind.
Alle Wasser von allen Flüssen münden ins große Meer.

Diese Erfahrung aber bleibt nicht wirkungslos. Zwei Bilder beenden den Weg: Das Verhältnis zur Welt ist geprägt von Friede und Harmonie. Auf dem Markt der Welt aber ereignet sich Pfingsten. Selbst-los und mit leeren Händen, „mit entblößter Brust und nackten Füßen“ kommt der Erleuchtete auf den Marktplatz der Welt:

Bald spricht er hunnisch, bald chinesisch,
mit mächtigem Lachen auf seinen Wangen.
Wenn es ein Mensch versteht, einem Selbst zu begegnen
und unbekannt ihm zu bleiben –
Wird sich weit das Tor zum Palast öffnen.

Der Schweigende wird sprachmächtig, und Erleuchtete verstehen. Als Jesus am Kreuz die Abwesenheit Gottes bekundete, blieb am Ende nichts als sein Schrei. Heute gibt es nicht wenige Menschen – Christen und Nichtchristen –, denen gerade dieser – nichts-sagende – Schrei der Aufgang eines neuen Wortes ist.

Dennoch bleibt für die überwiegende Zahl von Zeitgenossen die Frage: Warum antwortet Gott nicht? Wir haben aber gesehen: Anstatt uns auf unsere eigene westliche Situation zu beschränken, bietet es sich heute an, uns mit unseren Fragen in der weiten Welt umzuschauen. Hier hat nun der „Blick über den asiatischen Zaun“ gezeigt, daß es dort gleichfalls eine „Abwesenheit“ Gottes gibt, mit der Menschen leben. Was wir zuvor bedacht haben, mag mancheinem freilich vielleicht schon wieder zu viel an Gedanklichem sein – in einer Zeit, wo Gedanken nicht weiterhelfen, sondern schlichte praktische Anweisungen gesucht werden, wie Menschen in der Abwesenheit Gottes sinnvoll und zielgerecht leben können. Doch es bleibt dabei: Was im christlich geprägten Kulturraum als Verlust empfunden wird, wird in nichtchristlicher Umgebung oft völlig anders gesehen. Es kommt hinzu, daß asiatische Menschen die

Abwesenheit Gottes auch nicht – wie es im biblischen Umfeld und folglich auch bei uns häufig der Fall ist – auf menschliche Schuld und Sünde zurückführen. Wo Gott in keinem dialogischen Verhältnis zum Menschen steht, wird der Mensch auch nicht schuldig an ihm. Das aber schafft die Möglichkeit, aus einer anderen Perspektive die Abwesenheit Gottes bei uns noch einmal zu bedenken.

Wo sich das Leben von Menschen nicht in Gedankenlosigkeit und Konsumstreben, in Zerstreuung und Genuß, in Machtausübung, Durchsetzungsvermögen und Leistungsdenken erschöpft, wo Menschen sich nicht mit der Enge eines beschränkten innerweltlichen Horizonts zufrieden geben, zeigt der Osten stärker als die abendländische Erinnerung neue Möglichkeiten auf. Dazu gehören unter anderem die Wende nach Innen und der Raum der Meditation und Mystik.

Immer wieder trifft man auf Menschen, die zwar niemals in Japan gewesen sind, sich aber aufgrund der in den Medien verbreiteten Verklärung der Kultur und Landschaft das Inselreich im Fernen Osten wie ein gewaltiges Kloster der Stille vorstellen, in dem ungefähr jeder Bürger täglich seine Meditationsübung macht. Entsprechend kommt in solchen Menschen das Verlangen hoch, selbst ähnliche Erfahrungen der Konzentration, der Sammlung, der Stille und der Harmonie zu machen. Zwar trügt der Eindruck, doch beweist die Vorstellung, was Menschen bei uns vermissen: die Erneuerung der Mitte, die Wiederentdeckung des wahren Lebensgrundes. Dabei geht es ganz eindeutig weniger um ein anbetungswürdiges Objekt außerhalb unserer selbst, sondern um uns selbst in der Offenheit und Weite für eine größere Tiefe, in der wir uns gegründet und geborgen wissen.

Die christlichen Kirchen haben sich vermutlich immer noch nicht genug auf diese Sehnsucht der Menschen eingestellt, die weniger von einer vertieften Darstellung der Lehre und differenzierteren Lebensanweisungen geprägt ist, sondern vom Verlangen nach Freiheit von Bildern und Worten, um die ursprüngliche unverstellte Weite des Ausblicks und Einblicks wiederzugewinnen. Den Ausblick in die ursprüngliche Welt der von Gott geschaffenen Natur hat sich der Mensch durch die Schaffung seiner eigenen Weltprodukte weithin verstellt. Der Einblick in sein Inneres ist ihm durch die Zerstreuung im Vielerlei alltäglicher Aktivitäten genommen. Angesichts des Scheiterns eines rein vernunftorientierten Lebens, angesichts des immer wieder auftretenden Versagens der Menschen im Umgang mit den selbstgeschaffenen technischen Möglichkeiten, mehr noch der erschreckenden Unmenschlichkeiten der Menschen im Umgang miteinander erwacht der Ruf nach Einhalt und Besinnung. Der Mensch ist im Grunde genommen auf sich selbst zurückgefallen. Gott, den er gerne für die Misere verantwortlich machen würde, ist abwesend bzw. existiert nicht mehr. So kann er nur selbst die Verantwortung für eine Welt auf sich nehmen, die unter seinen Händen zu zerbrechen droht; nur weiß der Mensch nicht gut, wie er es in dieser Welt anstellen soll.

Asien scheint somit zumal mit seinen „gott-losen" fernöstlichen Großreligionen, dem Buddhismus, dem chinesischen Taoismus und Konfuzianismus, eine Art Alternativprogramm zur abendländischen Religiosität anzubieten. Ich habe, wo ich von der „Faszination des Buddhismus" spreche, diese gerne am Gegenüber der drei Kostbarkeiten Buddha, Dharma, Sangha zu christlichen Äquivalenten erläutert: Dem gottgebundenen Jesus steht die Gestalt des gottfreien Buddha gegenüber, dem weithin rigoros wirkenden Dogma der zur Erleuchtung führende, am Ende wortlose Dharma, der Institution Kirche die locker wirkende Gemeinschaft der Buddha-Jünger und -Jüngerinnen, Sangha. All das wirkt, wenn man die Lehre des Buddhismus mit den Orten des Buddhismus, den Tempelanlagen, den Meditationshallen, den Ritualien, zusammensieht, nicht areligiös. Doch in Distanz ist es eine Religion des Innen mehr als des Außen, der inneren Erfahrung mehr als des äußeren Reglements. In einer säkularisierten Gesellschaft aber hat die Beschäftigung des Psycho-Somatischen, also die Beschäftigung des Menschen mit sich selbst und seiner Leib-Geistigkeit einen neuen Rang erhalten. Dem kann nur der Gott-in-uns, nicht der Gott-außer-uns eine Entdeckungsreise wert sein.

Hier hilft auch ein Blick auf die im Vergleich zu den christlichen Meditationsformen andersartigen Gestalten östlicher Meditation. Zweifellos die strengste Form ist die der Zen-Meditation, die – im Gegensatz auch zu anderen asiatischen Meditationsformen – alles Bildhaft-Worthafte zu durchkreuzen scheint. Es beginnt mit einer strengen Körperhaltung und mit der Beobachtung des Atmens, setzt sich fort in der Zucht des Geistes und endet in der großen Erleuchtung, im Durchblick, in der Erfahrung des großen Todes und der großen Freiheit. Weil nicht über Dinge nachgedacht wird, entsteht schnell der Eindruck, als bleibe auch alle Bindung an eine konkrete Religion, etwa an den Weg des Buddha, zurück. Es kommt hinzu, daß all das, was eher methodisch-technisch erscheint, im

Grunde von allen Menschen nachvollzogen werden kann, unabhängig von ihrer religiösen Zugehörigkeit. Schon die Tatsache, daß es katholische Priester und Schwestern gibt, die mit Erlaubnis von Zen-Meistern ihrerseits befähigt sind, Menschen auf dem Weg des Zen einzuweisen, stimmt nachdenklich und gibt Anlaß zu Diskussionen zwischen Vertretern der beiden Religionen. Doch das kann hier nicht zum Thema werden, wo es um Hinweise auf Wege nach innen geht, die – buddhistisch angeschaut – nicht nur nachvollzogen, sondern auch zur Erinnerung an solche Wege führen, die im Raum des Christentums verschüttet dennoch existieren. Das wird sehr bald deutlich, wenn man etwa auf die methodischen Anweisungen im Exerzitienbuch des Ignatius von Loyola achtet oder auf die Übung des Jesus-Gebets oder auch auf die karmelitische Gestalt des inneren Gebets bei Johannes vom Kreuz und Teresa von Avila.

Die zentrale sino-japanische Übung des Zen ist das Za-zen, das heißt: das Sitz-Zen. Diese hat aber dann seit dem japanischen Mittelalter eine Vielzahl von „Wegen" – japanisch *dō* – nach sich gezogen, die die spirituelle Haltung der Sammlung in die unterschiedlichsten Situationen alltäglichen Lebens forttragen. Wir erinnern an die „Wege" des Schreibens, des Teetrinkens – die Teezeremonie –, des Blumensteckens, des Schwertkampfes, der sanften Verteidigung und andere mehr. Von hier aus kann tatsächlich der Eindruck entstehen, ein Land des Fernen Ostens wie Japan sei gleichsam von einer Kultur der Stille unterfüttert, und das ist wohl auch in gewissem Sinne der Fall.

Für unsere eigene Situation im Westen läßt sich aus solchen Beobachtungen aber dann Verschiedenes ableiten:

Erstens: Es bleibt wichtig, daß wir in allen Zerstreuungen des Lebens den Sinn für eine tragende Mitte nicht verlieren. Der Gottesverlust des abendländischen Menschen hat es wesentlich mit dem Verlust der Mitte des Lebens zu tun.

Zweitens: Über die Mitte verfügen wir nicht. Sie ist da, wenn wir uns selbst entdecken. Sie ist uns vorgegeben, und wir können sie daher auch nur dankbar entgegennehmen. Es kommt nur darauf an, daß wir uns immer auch als empfangende Wesen verstehen.

Drittens: Hier ist sodann auch die Formulierung zu bedenken: Wir sind nur Hirten, nicht Herren des Seins und der Welt. Bei aller Befähigung zur aktiven Gestaltung unseres Lebens und unserer Lebenswelt sind wir eingeladen, die Welt zu bewahren und nicht zu zerstören. Das passive

Entgegennehmen aber umfängt den Bereich, in dem wir gestalten und aktiv tätig sind.

Viertens: Vom Menschen aus gesehen hat das Unverfügbare, die Mitte unseres Lebens, keinen Namen, weil die menschlichen Benennungen selbst schon wieder Akte des Verfügens sind. Leere, Licht, Freiheit, Weite, Offenheit sind denn auch keine Namen, sondern Annäherungen an eine Wirklichkeit, die oft verborgen, doch immer anwesend ist.

Fünftens: Zu dem Verwunderlichen der Menschheitsgeschichte gehört es aber dann, daß es in ihr dennoch Weisen der Ansprache gibt, die es dem Menschen erlauben, das Unaussprechliche anzusprechen. In diesem Sinne war „Gott" im Anfang stets ein Wort der Ansprache, selbst also ein Name, weniger ein Begriff oder die Annäherung an einen Begriff. Grund für die Ansprache Gottes aber ist die Tatsache, daß uns gesagt wird: Dieses Unverfügbare und Unaussprechliche hat uns selbst seinen Namen mitgeteilt. Davon kündet die Geschichte des Judentums, wenn Gott Mose aus dem Dornbusch sagt, wie er ihn vor den Israeliten nennen soll. Davon kündet das Gebet Jesu, in dem er die Jünger lehrt zu beten: „Gott – Geheiligt werde Dein Name!" Das ist Christen klar, wenn sie den Namen Jesu mit Gottes Namen aufs engste verbinden und hören: „In keinem anderen ist das Heil zu finden" (Apostelgeschichte 4, 12). Das wird uns deutlich, wenn wir von hier aus in die weite Geschichte der Religionen hineinhorchen und dort auf die Vielzahl der Gebetsgebärden und Gebetsrufe stoßen.

Diese Beobachtungen sagen uns aber dann auch: Die Abwesenheit Gottes, unter der Zeitgenossen leiden und die viele bis in die Leugnung Gottes treibt, sollte uns eigentlich im Gegenteil erst recht wieder den Blick für die Wirklichkeit dessen schärfen, den wir „Gott" nennen. Gott ist unverfügbar, lebt in diesem Sinne in unendlicher Distanz zu uns. Doch Distanz ist nicht dasselbe wie Willkür, die auch Gott immer wieder nachgesagt worden ist und von dessen eiserner Klammer sich Menschen im Laufe der Zeit zu befreien versucht haben. Wenn der Sinn für die unendliche Distanz dieses Gottes uns erneut bewußt wird, der sich hinter einer Fülle von Unsagbarkeiten und letztlich im Verstummen des Menschen zeigt, dann erwacht vermutlich auch der Sinn für das andere neu:

Diese unendliche Distanz ist uns zugleich unendlich nah. Gerade wenn uns die Ferne, die Abwesenheit Gottes ins Bewußtsein tritt, erwacht auch auf ganz neue Weise der Sinn für Gottes Nähe und Anwesenheit.

Dann geht uns auf, was es bedeutet: Das Unverfügbar-Ferne-Namenlose ist für uns ansprechbar, weil es selbst einen jeden von uns beim Namen ruft und seinen eigenen Namen mitgeteilt hat. Was wir selbst nicht vermögen, vermag Gottes Geist in uns. Er ruft in uns: Du – Gott, unser Vater!

Text- und Abbildungsnachweis

Der Beitrag von *Hans Maier* ist eine überarbeitete und erweiterte Fassung von „Glauben weitergeben – aber wie?“, in: Karl-Heinz Schmitt, Jürgen Hoeren (Hrsg.), Werden unsere Kinder noch Christen sein?, Verlag Herder, Freiburg 1995.

S. 11 *Augustinus:* Michael Pacher (1435-1498), Detail aus dem Kirchenväteraltar. Alte Pinakothek, München. © KNA-Bild, Frankfurt/M. Foto: Siebers

S. 23 *Henri de Lubac:* © KNA-Bild, Frankfurt/M.

S. 35 *Edith Stein:* © KNA-Bild, Frankfurt/M.

S. 49 *Dietrich Bonhoeffer*-Portrait 1941. © Chr. Kaiser/Gütersloher Verlagshaus, Gütersloh

S. 61 *Blaise Pascal:* © ULLSTEIN-Bilderdienst.

S. 75 *Johannes vom Kreuz [mit Teresa von Avila]:* Giovanni Battista Tiepolo (1696-1770). Budapest. © BILDARCHIV FOTO MARBURG

S. 87 *Elija in der Wüste:* Lunette aus dem Veit-Stoß-Altar im Dom zu Bamberg. © Diözesanmuseum der Erzdiözese Bamberg

S. 101 *Der heidnische Hauptmann unter dem Kreuz:* Jakob von Seckau, „Kreuzigung“. Öl auf Zirbelholz, 207x102 cm, Brixen um 1450. © Diözesanmuseum Freising, Inv.Nr. P 225. Foto: Carola Wicenti

S. 113 *Teresa von Avila:* Peter Paul Rubens (1577-1640), Die hl. Teresa, für die Seelen im Fegefeuer bittend. Antwerpen, Museum der schönen Künste. © BILDARCHIV FOTO MARBURG

S. 125 *Simone Weil:* © SÜDDEUTSCHER VERLAG S.M., Bilderdienst

S. 137 *Benedikt von Nursia:* Deckenfresko aus Subiaco, Italien, 13. Jahrhundert. © KNA-Bild, Frankfurt/M.

S. 149 *Romano Guardini:* © KNA-Bild, Frankfurt/M.

S. 163 *Ochsenpfad:* Japanische Illustration, 15. Jahrhundert. Entnommen aus: Zen-Geschichte: Der Ochs und sein Hirte (altchinesisch), übersetzt und herausgegeben von Kôichi Tsujimura und Hartmut Buchner, Verlag Günther Neske, Stuttgart [1958] ^{7}1995, 43